# A Função Social do Contrato

# A Função Social do Contrato

## ATUALIZADO DE ACORDO COM A LEI DA LIBERDADE ECONÔMICA (LEI Nº 13.874/2019) E O REGIME JURÍDICO EMERGENCIAL DE DIREITO PRIVADO (LEI Nº 14.010/2020)

2021

Rennan Thamay
Vanderlei Garcia Junior
Paulo Victor Oliveira Queiroz
Giselly Prado Silva

ALMEDINA

**A FUNÇÃO SOCIAL DO CONTRATO**
ATUALIZADO DE ACORDO COM A LEI DA LIBERDADE ECONÔMICA (LEI Nº 13.874/2019) E O REGIME JURÍDICO EMERGENCIAL DE DIREITO PRIVADO (LEI Nº 14.010/2020)

AUTORES: Rennan Thamay, Vanderlei Garcia Junior, Paulo Victor Oliveira Queiroz, Giselly Prado Silva

DIRETOR ALMEDINA BRASIL: Rodrigo Mentz
EDITORA JURÍDICA: Manuella Santos de Castro
EDITOR DE DESENVOLVIMENTO: Aurélio Cesar Nogueira
ASSISTENTES EDITORIAIS: Isabela Leite e Larissa Nogueira

DIAGRAMAÇÃO: Almedina
DESIGN DE CAPA: Roberta Bassanetto

ISBN: 9786556272610
Agosto, 2021

Dados Internacionais de Catalogação na Publicação (CIP)
(Câmara Brasileira do Livro, SP, Brasil)

---

A Função social do contrato : atualizado de acordo com a lei da liberdade econômica (Lei nº 13.874/2019) e o regime jurídico emergencial de direito privado (Lei nº 14.010/2020) / Rennan Thamay ... [et al.]. -- 1. ed. -- São Paulo : Almedina, 2021.

outros autores : Vanderlei Garcia Junior, Paulo Victor Oliveira Queiroz, Giselly Prado Silva.
ISBN 978-65-5627-261-0

1. Direito 2. Direito civil 3. Função social do contrato I. Garcia Junior, Vanderlei. II. Queiroz, Paulo Victor Oliveira. III. Silva, Giselly Prado.

21-67048 CDU-347.44(81)

---

**Índices para catálogo sistemático:**

1. Brasil : Contratos : Função social : Direito civil 347.44(81)

Aline Graziele Benitez - Bibliotecária - CRB-1/3129

Este livro segue as regras do novo Acordo Ortográfico da Língua Portuguesa (1990).



EDITORA: Almedina Brasil
Rua José Maria Lisboa, 860, Conj.131 e 132, Jardim Paulista | 01423-001 São Paulo | Brasil
editora@almedina.com.br
www.almedina.com.br

*Ao meu Deus (pai amável e fiel),*
*À minha amada esposa, Priscila Krüger Padrão Thamay (meu eterno amor),*
*Ao meu pai, Ramiro Thamay Yamane (meu incentivador),*
*À minha mãe, Nívea Maria Faria (minha educadora amável).*
*A todos vocês, meus amores, dedico esta obra!*
***Rennan Thamay***

*Ao meu Deus, pai amado e fiel, por estar sempre ao meu lado, abençoando-me, guiando-me e oferecendo oportunidades de felicidades.*
*À minha amada esposa, Priscila Ferreira, razão diária dos meus sorrisos, meu grande e verdadeiro amor.*
*Aos meus amados pais, Sandra Rodrigues Garcia e Vanderlei Garcia, responsáveis por tudo, especialmente pelo amor incondicional e pelos valores, princípios e ideais transmitidos durante uma existência.*
***Vanderlei Garcia Junior.***

*Ao meu Deus, pai amado e fiel, por estar sempre ao meu lado, abençoando-me, guiando-me e oferecendo oportunidades de felicidades.*
*À minha amada mãe, Alcimara Serrão de Oliveira, razão diária da minha existência, minha grande e verdadeira fonte de inspiração.*
*Aos meus avós, Maria Sueli Serrão de Oliveira e Manoel Serrão de Oliveira, responsáveis por tudo, especialmente pelo amor incondicional e pelos valores, princípios e ideais transmitidos durante a minha existência.*
***Paulo Victor Oliveira Queiroz***

*Ao meu Deus, primeiramente, pela razão da minha existência, pela minha saúde, pelas bênçãos concedidas e pela existência de todos os familiares e amigos que me cercam.*
*Aos meus pais, Osvaldo Oliveira e Silva e Márcia Aparecida Ferreira e Silva, por toda a estrutura, amor, princípios e valores, responsáveis por tudo o que sou e tenho, sem os quais jamais conseguiria trilhar este caminho.*
*Ao meu noivo, Caio Vinícius Appolinário Cavalher, meu grande amor, parceiro e companheiro em todos os meus projetos pessoais e profissionais, grande incentivador de tudo.*
*A todos, dedico esta obra e meus eternos agradecimentos.*
***Giselly Prado Silva***

## SOBRE OS AUTORES

**RENNAN THAMAY**

Pós-Doutor pela Universidade de Lisboa. Doutor em Direito pela PUC/RS e Università degli Studi di Pavia.

Mestre em Direito pela UNISINOS e pela PUC Minas. Especialista em Direito pela UFRGS.

Professor Titular do programa de graduação e pós-graduação (Doutorado, Mestrado e Especialização) da FADISP.

Professor da pós-graduação (*lato sensu*) da PUC/SP. Professor Titular do Estratégia Concursos e do UNASP.

Foi Professor assistente (visitante) do programa de graduação da USP.

Foi Professor do programa de graduação e pós-graduação (*lato sensu*) da PUC/RS.

Presidente da Comissão de Processo Constitucional do IASP (Instituto dos Advogados de São Paulo).

Membro do IAPL (International Association of Procedural Law), do IIDP (Instituto Iberoamericano de Derecho Procesal), do IBDP (Instituto Brasileiro de Direito Processual), IASP (Instituto dos Advogados de São Paulo), da ABDPC (Academia Brasileira de Direito Processual Civil), do CEBEPEJ (Centro Brasileiro de Estudos e Pesquisas Judiciais), da ABDPro (Associação Brasileira de Direito Processual), do CEAPRO (Centro de Estudos Avançados de Processo), do IBPD (Instituto Brasil-Portugal de Direito) e do IBAJUD (Instituto Brasileiro de Administração Judicial).

Advogado, árbitro, administrador judicial, consultor jurídico e parecerista.

**Vanderlei Garcia Junior**
Doutorando em Direito Civil pela USP e em Filosofia do Direito pela PUC/SP.

Mestre em Direito pela FADISP e pela Università degli Studi di Roma II.

Especialista em Direito Processual Civil pela Escola Paulista da Magistratura – EPM/SP, com capacitação para o ensino no magistério superior.

Pós-graduado em Direito Privado pela Faculdade de Direito Damásio de Jesus – FDDJ/SP.

Bacharel em Direito pela Faculdade de Direito da Universidade de Ribeirão Preto – UNAERP/SP.

Foi professor da graduação e da pós-graduação em Direito da Universidade Nove de Julho – UNINOVE – e da Faculdade Autônoma de Direito de São Paulo – FADISP.

Professor curador e titular do programa de pós-graduação da Universidade Presbiteriana MACKENZIE.

Coordenador do programa de pós-graduação em Direito da UNILEYA e da Faculdade IDEA.

Professor convidado do programa de pós-graduação da Escola Paulista de Direito – EPD.

Professor de cursos preparatórios para concursos públicos e Exame de Ordem.

Professor convidado da Escola Judicial dos Servidores do Tribunal de Justiça de São Paulo – EJUS/TJSP.

Membro e Secretário Geral da Comissão Permanente de Estudos de Processo Constitucional do Instituto dos Advogados de São Paulo – IASP. Membro efetivo do Instituto Brasileiro de Direito Processual – IBDP, do Centro de Estudos Avançados de Processo – CEAPRO e do Instituto Brasileiro da Insolvência – IBAJUD e do Instituto Brasileiro de Direito Empresarial – IBDE.

Foi assessor jurídico do Tribunal de Justiça do Estado de São Paulo.

Advogado, árbitro, administrador judicial e consultor jurídico.

**Paulo Victor Oliveira Queiroz**
Mestrando em Direito pela Faculdade Autônoma de Direito – FADISP/SP.

Pós-graduando em Direito e Tecnologia pela Pontifícia Universidade Católica-PUC/MG.

Bacharel em Direito pela Faculdade Martha Falcão – Whyder.

Conselheiro Titular do Conselho de Regulação dos Serviços Públicos Concedidos do Estado do Amazonas – CERCON.

Advogado e Consultor Jurídico.

**Giselly Prado Silva**

Pós-graduada em Arbitragem pela Fundação Getúlio Vargas (FGV/SP).

Bacharel em Direito pela Pontifícia Universidade Católica de São Paulo (PUC-SP).

Títulos acadêmicos: Monitoria em Direito Processual Civil na PUC/SP (1º/2017).

Advogada e Consultora Jurídica.

## AGRADECIMENTOS

Inicialmente, gostaríamos de agradecer e demonstrar nossa eterna gratidão a Deus, nosso mantenedor diário, inspiração e esperança de toda nossa caminhada.

Muito importante agradecer a todos os amigos e professores com quem debatemos durante todos esses anos e que, certamente, prestaram-nos todo auxílio na elaboração deste trabalho, seja com palavras amigas, com indicações bibliográficas, críticas, sugestões e tantos outros conselhos que nos auxiliaram nesta jornada. Agradecemos, assim, aos amigos Prof. Dr. Arruda Alvim, Profa. Dra. Thereza Alvim, Prof. Dr. Eduardo Arruda Alvim, Prof. Dr. Enéas de Oliveira Matos, Prof. Dr. Carlos Alberto Ferri, Prof. Dr. Carlos Alberto de Moraes Ramos Filho, Des. César Santos Peixoto, Des. Heraldo de Oliveira, Des. Renato de Salles Abreu Filho, Prof. Dr. Marco Aurélio Pinto Florêncio Filho e Prof. Esp. Vinícius Ferreira de Andrade. A vocês, toda nossa gratidão, carinho e agradecimento.

Não poderíamos deixar de agradecer aos nossos parceiros, queridos amigos e integrantes de nosso Grupo de Pesquisa, sem os quais, esta obra não seria possível, João Paulo Marques dos Santos, Daniel P. de Lima, João Oliveira Junior, Raphael Monteiro, Manoel Weinheimer, Ari Moutinho Neto e aos nossos queridos alunos que sempre nos acompanharam, dando-nos ânimo e constante incentivo para irmos adiante e concluirmos mais uma etapa nesta caminhada acadêmica.

Por fim, agradecemos a outras tantas instituições com as quais mantemos vínculos institucionais por todo aporte e incentivo recebidos até aqui.

A todos, realmente, o nosso muito obrigado!

**Rennan Thamay**
**Vanderlei Júnior**
**Paulo Victor**
**Giselly Prado**

São Paulo/SP, março de 2021

## APRESENTAÇÃO DO CONVÊNIO FACULDADE AUTÔNOMA DE DIREITO – FADISP E EDITORA ALMEDINA

Honrado, venho apresentar o convênio instituído entre a nossa instituição, Faculdade Autônoma de Direito – FADISP e a Editora Almedina, no intuito de objetivar a realização de ações conjuntas na área da promoção de conhecimento em matérias jurídicas e interdisciplinares, mormente para a publicação periódica de estudos, obras e pesquisas especializadas nas mais variadas áreas do conhecimento.

De início, gostaria de apresentar a nossa instituição. A FADISP é uma instituição de ensino mantida pelo Grupo José Alves, fundado em 1962, de longa tradição empresarial e educacional no Estado de Goiás. Na área do Ensino Superior, o Centro Universitário Alves Faria (UNIALFA) se desenvolve na Capital do Estado de Goiás desde 2000.

Com 19 anos de tradição no ensino do Direito, nossa instituição FADISP foi fundada pelos ilustres e renomados professores Dr. José Manuel de Arruda Alvim Netto e Dra. Thereza Celina Diniz de Arruda Alvim.

Desde 2009 é mantida pelo Centro Educacional Alves FARIA (CENAF), também mantenedor do UNIALFA (Centro Universitário Alves Faria), com atuação em Goiânia – GO, ofertando 17 cursos de Graduação, diversos cursos de Especialização e Mestrados nas áreas de Direito, Administração e Desenvolvimento Regional.

Integra o Grupo José Alves (GJA), que conta com tradição e longa experiência de atuação em diversos segmentos do mercado nas Regiões Centro-Oeste e Sudeste do Brasil.

Em São Paulo, a FADISP mantém cursos de Graduação, Mestrado e Doutorado em Direito, com renomados professores e com convênios internacionais efetivados com a Universidade de Siena, a Universidade de Salamanca e a Universidade de Valladolid.

Por seu turno, o Grupo Almedina, fundado em 1955, é atualmente constituído pelas Editoras Almedina, Edições 70, Actual Editora, a chancela Minotauro, uma rede de 12 Livrarias junto aos principais polos acadêmicos de Portugal, tais como, Braga, Porto, Coimbra e Lisboa, e a Almedina Brasil.

O Grupo Almedina tem estado particularmente atento aos mercados da CPLP (Comunidade dos Países de Língua Portuguesa) tendo criado, em 2005 a Almedina Brasil, com sede em São Paulo, e estabelecido parcerias para os mercados de Angola e Moçambique, considerado um projeto de cooperação científica e cultural que visa levar a estudantes, professores e profissionais o pensamento e a prática de quem aposta na expressão do conhecimento, e transmite a cultura através dos livros.

Importante ressaltar o papel da Editora Almedina no cenário nacional, pois tem também no seu portifólioo Direito Constituição e Teoria da Constituição, do eminente Professor JJ Gomes Canotilho, que ajudou a forjar o Direito Constitucional contemporâneo no Brasil. Essa parceria com a Almedina nos lembra de um de seus grandes autores, um ex-professor do Mestrado e Doutorado da FADISP que nos deixou, por conta da sua incompatibilidade, no exercício do magistério pela nomeação como Juiz Conselheiro do Supremo Tribunal de Justiça de Portugal, o queridíssimo Professor Paulo Ferreira da Cunha.

Agradecemos, na pessoa de sua Editora Jurídica, Manuella Santos de Castro, por incentivar a produção acadêmica e a propagação do pensamento jurídico.

Esperamos que o convênio instituído colha seus frutos e cumpra seu papel, da mais ampla divulgação do conhecimento.

**Thiago Lopes Matsushita**
*Diretor Acadêmico da Faculdade Autônoma de Direito – FADISP*

# APRESENTAÇÃO DA COLEÇÃO FACULDADE AUTÔNOMA DE DIREITO – FADISP

É com imensa honra que apresentamos à comunidade jurídica nacional e internacional a *Coleção Faculdade Autônoma de Direito – FADISP*, em parceria com a renomada Editora Almedina.

Trata-se de importante oportunidade de instituir um relevante diálogo entre as instituições, oferecida a todos os acadêmicos do Direito, nacionais e internacionais, bem como àqueles de outras áreas do conhecimento e que buscam aprofundar a interdisciplinaridade com o universo jurídico, no intuito de contribuir incondicionalmente com a promoção do conhecimento.

Certamente, em nossos anos de academia, sempre nos deparamos com jovens e promissores juristas interessados na produção acadêmica e na divulgação de seus trabalhos, na dificuldade de encontrar meios para tais fins.

Nesse sentido é que esta Coleção foi pensada, como o atalho definitivo entre as mais interessantes e importantes teses e dissertações e a sua mais ampla divulgação, abrindo espaço para que juristas possam publicar estudos temáticos sobre institutos de grande relevância. Resumindo: é a transformação de ideias em livro. A perpetuação do pensamento.

Publicar uma obra sempre foi, para aquele que sonha, muito mais do que uma mera produção acadêmica, mas sim muito mais parecido como o nascimento de um filho. É guardar ansioso e ver nascer seus ideais, a consolidação de posicionamentos e, até mesmo, de ver eternizados nos registros históricos da academia jurídica.

Espera-se que essa Coleção sirva aos propósitos pretendidos e traga à baila reflexões para o aperfeiçoamento do universo jurídico, em especial, dialogando com a teoria e prática para o aprimoramento técnico, prático e jurídico de todos os aplicadores e intérpretes do Direito.

Agradecemos à Editora Almedina, na pessoa de sua Editora Jurídica Manuella Santos de Castro, especialmente por acreditar nos potenciais acadêmicos de nossos alunos, bem como de todos os juristas e estudiosos do Direito de todas as importantes instituições de ensino de nosso país, proporcionando o mais amplo e necessário acesso ao universo autoral, disseminando o conhecimento e fomentando a publicação de suas obras.

Convidamos, pois, os integrantes da comunidade jurídica para a leitura das obras publicadas nesta parceria, bem como aos acadêmicos de todas as áreas do conhecimento a conhecer nossa parceria e a apresentar seus trabalhos para compor a *Coleção Faculdade Autônoma de Direito – FADISP.*

Rennan Thamay
Vanderlei Garcia Jr.
*Coordenadores da Coleção*

# APRESENTAÇÃO E NOTAS DOS AUTORES

"A função social do contrato" surgiu após anos de atuação na área do Direito contratual. Além do conteúdo de viés prático, a profundidade e a densidade teórica são fatores que marcam bem este livro. Apesar de completo, não possui o condão de esgotar a temática e tampouco ser imune a críticas. O debate é salutar e representa a base de um avanço teórico na ciência do Direito.

Posto isso, importante destacar que a construção teórica da função social é, certamente, de tirar o fôlego, passando por diversos contextos históricos até a sua consolidação com a maioria das Constituições após a Segunda Guerra Mundial. Entender essa evolução é de extrema relevância para o estudioso do Estado Social de Direito.

A ideia por trás do livro é trazer os mais diversos questionamentos. A discussão sobre a constitucionalização do Direito privado, a publicização do Direito privado e os direitos fundamentais e a sua aplicação entre os particulares são os cernes para responder às seguintes perguntas: "É possível opor a um outro particular direitos ou garantias fundamentais que não constam do contrato firmado anteriormente com outro particular? O exercício da autonomia privada, por ocasião do aceite em um contrato de adesão, impõe o cumprimento a obrigações abusivas e contrárias aos direitos fundamentais? O contrato de adesão está submisso à função social dos contratos? Qual a função social do contrato de adesão? A sociedade possui interesse nas relações privadas estabelecidas por particulares em seus negócios jurídicos? A autonomia privada está sujeita à limitação por parte do Estado Constitucional?".

Essas perguntas foram trabalhadas e discutidas na presente obra de maneira completa, buscando respondê-las de acordo com as doutrinas nacional e estrangeira, com a jurisprudência e de acordo com o ordenamento jurídico. Sendo este o momento em que coloca à prova da comunidade acadêmica e dos profissionais do Direito, assim como exigiria Karl Popper.

Sem mais delongas, desejamos uma boa leitura.

Rennan Thamay<br>
Vanderlei Júnior<br>
Paulo Victor<br>
Giselly Prado

# PREFÁCIO

O Código Civil brasileiro de 1916 (Lei n. 3.071, de 01.01.1916) era influenciado pelos ideais do *liberalismo*, que, por sua vez, consagrava a restrição dos poderes estatais com a finalidade de proteger o indivíduo contra os abusos do poder. Adotava-se, então, a ideia de que os indivíduos deveriam dispor da máxima liberdade de ação possível em todos os setores da vida, principalmente em relação às atividades econômicas[1].

Na seara contratual, o CC/1916 seguia, pois, um viés individualista. Assim, segundo a doutrina tradicional, o "direito dos contratos" repousaria em quatro princípios: (i) o da *autonomia da vontade*; (ii) o do *consensualismo*; (iii) o da *força obrigatória*, e (iv) o da *boa-fé*[2].

Na linha adotada pelo CC/1916, os contraentes eram livres para celebrar um acordo (autonomia da vontade), o qual era considerado como lei entre as partes (força obrigatória, "*pacta sunt servanda*") e cujas cláusulas, por isto, deveriam ser fielmente observadas.

Do comportamento abstencionista do Estado liberal decorreu um contraste chocante: fortunas imensas acumulavam-se nas mãos dos dirigentes do poder econômico; a ostentação e a ânsia irrefreada de ganhar cada vez mais criaram o conflito entre classes patronais e assalariadas; organizaram-se cartéis e todas as demais formas de abuso do poder econômico, acentuando-se cada vez mais os desníveis sociais[3].

[1] Dimoulis, Dimitri. Fundamentação constitucional dos processos econômicos: reflexões sobre o papel econômico do direito. In: Sabadell, Ana Lúcia *et al. Direito social, regulação econômica e crise do Estado.* Rio de Janeiro: Revan, 2006, p. 83.

[2] Nesse sentido: Gomes, Orlando. *Contratos.* 17. ed. Rio de Janeiro: Forense, 1997, p. 22.

[3] Dallari, Dalmo de Abreu. *O futuro do Estado.* São Paulo: Saraiva, 2001, p. 59; Sidou, J. M. Othon. *A natureza social do tributo.* Rio de Janeiro: Freitas Bastos, 1960, p. 16; Dimoulis,

Em resposta aos problemas que se abateram sobre a sociedade em decorrência da postura de neutralidade do Estado Liberal[4], surgiu o modelo de Estado Social – ou do Bem-Estar Social (*Welfare State*)[5] ou Estado Providência ou, ainda, Estado Provedor, intervencionista –, que se caracterizou por ter assumido a missão de libertar a sociedade da miséria, buscando superar "a contradição entre a igualdade política e a desigualdade social"[6], mediante a sistemática intervenção estatal no domínio econômico.

Inspirando-se na chamada "questão social", um dos princípios básicos do Código Civil de 2002 foi o da *socialidade*[7], que preconiza a preva-

Dimitri. Fundamentação constitucional dos processos econômicos: reflexões sobre o papel econômico do direito. cit., p. 99. A atuação do Estado frente à economia nesse período é representada por Sahid Maluf por meio da seguinte alegoria: "Era como se o Estado reunisse num vasto anfiteatro lobos e cordeiros, declarando-os livres e iguais perante a lei, e propondo-se a dirigir a luta como árbitro, completamente neutro. Perante o Estado não havia fortes ou fracos, poderosos ou humildes, ricos ou pobres. A todos, ele assegurava os mesmos direitos e as mesmas oportunidades (...)" (*Teoria geral do Estado*. 23. ed. São Paulo: Saraiva, 1995, p. 130-131).

[4] Apesar dos aspectos negativos, é importante ressaltar que se deve ao liberalismo a noção de "*Estado de Direito*" (Gomes, Orlando; Varela, Antunes. *Direito econômico*. São Paulo: 1977, p. 156).

[5] Como bem observa João Gaspar Rodrigues, outras características do Estado Social, "além de intervir fortemente na economia e em assuntos econômicos, é o fato de corrigir falhas de mercado, potenciar o crescimento e o desenvolvimento, estabilizar a economia e gerar um ambiente propício para que os cidadãos vivam dignamente (promoção social). Daí também ser designado como Estado de bem-estar social" (Esboço crítico sobre a transição do Estado Social para o Estado Regulador: contradições e desafios. *Revista Jurídica do Ministério Público do Estado do Amazonas*. v. 9. n. 1/2. Manaus: PGJ/CEAF, jan.-dez./2008, p. 197).

[6] Bonavides, Paulo. *Do Estado liberal ao Estado social*. 7. ed. São Paulo: Malheiros, 2001, p. 185. Apesar de devermos ao liberalismo a noção de "Estado de Direito", cabe destacar, como o faz Antunes Varela, "que o *Estado de direito* não se confunde, nem é peculiaridade do *Estado liberal*, mas um modelo político que possui 'valor eterno e universal' quando, concebido 'essencialmente de modo formal', tenha, como apanágio, 'garantir a certeza das liberdades asseguradas na lei'" (destaques no original). Assim, conclui o autor citado: "Nenhuma incompatibilidade se manifesta, desse modo, entre o Estado de direito, com seus clássicos direitos fundamentais do homem, e o Estado social, que os acrescenta sob a forma de *direitos de participação*, ou preenche seu conteúdo diversamente, mas sem alteração da substância" (destaques no original) (Gomes, Orlando; Varela, Antunes. *Direito econômico*, cit., p. 157).

[7] Reale, Miguel. *História do novo Código Civil*. São Paulo: Editora Revista dos Tribunais, 2005, p. 38-39.

lência dos valores coletivos sobre os individuais, sem prejuízo, contudo, do valor fundamental da pessoa humana[8].

Como reflexo de tal orientação[9], o art. 421 do referido diploma assim dispunha, em sua redação original: "A liberdade de contratar será exercida em razão e nos limites da função social do contrato"[10].

Com a alteração imposta pela Lei n. 13.874, de 20.09.2019 (que resultou da conversão da Medida Provisória n. 881, de 30.04.2019), conhecida como "Lei da Liberdade Econômica", o *caput* do mencionado dispositivo passou a ostentar a seguinte redação: "A liberdade contratual será exercida nos limites da função social do contrato".

Ressalte-se que a Constituição Federal não alude expressamente à "função social do contrato", mas apenas à função social da propriedade (arts. 5º, inciso XXIII; 170, inciso III; 182, § 2º; 184, *caput*; 185, parágrafo único; 186)[11] e das estatais que explorem atividade econômica (art. 173, § 1º, inciso I).

Apesar do exposto, a previsão legal do princípio da função social do contrato (art. 421, CC) decorreu da ideia de função social da propriedade, cuja realização, como bem observa Miguel Reale, "somente se dará se igual princípio for estendido aos contratos, cuja conclusão e exercício não interessam somente às partes contratantes, mas a toda coletividade"[12].

[8] Gonçalves, Carlos Roberto. *Principais inovações no Código Civil de 2002*: breves comentários. São Paulo: Saraiva, 2002, p. 5.

[9] Denominada por Roberto Senise Lisboa de "*socialização dos direitos*" (*Manual elementar de direito civil*. vol. 3: contratos e declarações unilaterais: teoria geral e espécies. 2. ed. São Paulo: Editora Revista dos Tribunais, 2002, p. 72).

[10] Anteriormente ao CC/2002, o Código de Defesa do Consumidor – CDC (Lei n. 8.078, de 11.09.1990), apesar de não aludir expressamente à "função social do contrato", já admitia a existência de tal princípio ao consagrar como direito básico do consumidor "a modificação das cláusulas contratuais que estabeleçam prestações desproporcionais ou sua revisão em razão de fatos supervenientes que as tornem excessivamente onerosas" (art. 6º, inciso V).

[11] Na redação original da CF, tínhamos, ainda, o § 1º do art. 156, que autorizava a progressividade do IPTU, nos termos de lei municipal, de forma a assegurar o cumprimento da função social da propriedade. Com a redação dada ao mencionado dispositivo pela Emenda Constitucional n. 29, de 13.09.2000, tal referência expressa foi suprimida. Apesar do exposto, a cobrança progressiva do referido imposto, orientada ao cumprimento da função social da propriedade urbana, ainda é possível, com fundamento no art. 182, § 4º, inciso II, da CF.

[12] Reale, Miguel. *História do novo Código Civil*, cit., p. 266. No mesmo sentido: Gagliano, Pablo Stolze; Pamplona Filho, Rodolfo. *Novo curso de direito civil*. vol. IV: contatos, tomo 1:

Trata-se de preceito de ordem pública[13], pedra angular do Direito contratual brasileiro[14], que atua como condicionador do processo hermenêutico[15] relativo à liberdade de contratar, impondo limites a esta em prol do bem comum[16].

E é sobre tal preceito que versa esta obra, de autoria de Rennan Thamay, Vanderlei Garcia Junior, Paulo Victor Oliveira Queiroz e Giselly Prado Silva, e que tenho a honra de prefaciar.

O livro é dividido em duas partes, fisicamente separadas, mas didaticamente interligadas.

Na primeira, consoante evidencia sua designação, encontraremos uma construção teórica necessária para a melhor compreensão da ideia de função social do contrato. Nela são abordadas as "crises" do Estado, da Constituição e das relações contratuais.

O ponto alto da primeira parte da obra é a abordagem da constitucionalização do Direito civil e o estabelecimento da relação entre a função social dos contratos e a teoria da eficácia horizontal dos direitos fundamentais, isto é, da aplicação destes às relações privadas[17].

teoria geral. 2. ed. São Paulo: Saraiva, 2006, p. 45; GONÇALVES, Carlos Roberto. *Direito civil brasileiro*. vol. III: contratos e atos unilaterais. São Paulo: Saraiva, 2004, p. 5.

[13] Tal circunstância é expressamente reconhecida no parágrafo único do art. 2.035 do Código Civil: "Nenhuma convenção prevalecerá se contrariar *preceitos de ordem pública*, tais como os estabelecidos por este Código para assegurar a *função social* da propriedade e *dos contratos*" (destaques nossos).

[14] Kümpel, Vitor Frederico. *Direito civil*. vol. 3: direito dos contratos. São Paulo: Saraiva, 2005, p. 25.

[15] GONÇALVES, Carlos Roberto. *Principais inovações no Código Civil de 2002*: breves comentários, cit., p. 39.

[16] GAGLIANO, Pablo Stolze; PAMPLONA FILHO, Rodolfo. *Novo curso de direito civil*. vol. IV:..., cit., p. 48. Sobre a mitigação do princípio do *pacta sunt servanda* ante o princípio da função social dos contratos são, dentre outros, os seguintes julgados do Superior Tribunal de Justiça: REsp 1818495/SP, Rel. Min. Marco Aurélio Bellizze, 3ª Turma, j. em 08.10.2019, *DJe* 11.10.2019; AgInt no AREsp 1638853/RS, Rel. Min. Raul Araújo, 4ª Turma, j. em 10.08.2020, *DJe* 26.08.2020.

[17] Sobre a eficácia dos direitos fundamentais nas relações privadas, confira-se, dentre outros, o seguinte julgado do Supremo Tribunal Federal: RE 201819/RJ, Rel. p/ acórdão: Min. Gilmar Mendes, 2ª Turma, j. em 11.10.2005, *DJ* 27.10.2006, p. 64. No mesmo sentido: "O princípio da proporcionalidade, implicitamente consagrado pelo texto constitucional, propugna pela proteção dos direitos fundamentais não apenas contra os excessos estatais, mas igualmente contra a proteção jurídica insuficiente, conforme a teoria da eficácia

A obra, em seguida, adentra ao tema que lhe dá título: em sua Parte II, após definir o instituto do contrato e tecer considerações sobre os princípios que integram seu regime jurídico, os autores, amparados em sólida pesquisa, traçam os contornos do princípio da função social do contrato, o que é feito à luz do Código Civil, sob o impacto da Lei de Liberdade Econômica, e do Código de Defesa do Consumidor, com destaque, quanto a este último diploma, aos chamados "contratos de adesão".

Trata-se de obra calcada em sólido referencialteórico e de inegável aplicação prática, escrita por competentes e operosos pesquisadores, razões pelas quais passa a integrar o rol de leituras obrigatórias por quem pretenda estudar o relevante tema da função social dos contratos.

Manaus (AM), 5 de outubro de 2020, 32º aniversário da Constituição da República Federativa do Brasil.

**Carlos Alberto de Moraes Ramos Filho**
*Doutor em Direito pela PUC-SP*
*Diretor da Faculdade de Direito da Universidade Federal do Amazonas*

horizontal dos direitos fundamentais" (RE 971959/RS, Rel. Min. Luiz Fux, Pleno, j. em 14.11.2018, *DJe*-190 divulg. 30.07.2020 public. 31.07.2020).

# LISTA DE ABREVIATURAS

**ac.** — Acórdão
**ACO** — Ação Cível Originária
**ADC** — Ação Declaratória de Constitucionalidade
**ADCT** — Ato das Disposições Constitucionais Transitórias
**ADI** — Ação Direta de Inconstitucionalidade
**Adm.** — Administrativo
**ADO** — Ação Direta de Inconstitucionalidade por Omissão
**ADPF** — Arguição de Descumprimento de Preceito Fundamental
**Ag.** — Agravo de Instrumento
**AgRg** — Agravo Regimental
**AGU** — Advocacia-Geral da União
**AI** — Agravo de Instrumento
**AImp** — Arguição de Impedimento
**Ana** — Agência Nacional de Águas
**Anatel** — Agência Nacional de Telecomunicações
**Aneel** — Agência Nacional de Energia Elétrica
**AO** — Ação Originária
**AOE** — Ação Originária Especial
**AOR** — Ação Ordinária Regressiva
**AP** — Ação Penal
**ApC** — Apelação Cível
**AR** — Ação Rescisória
**ARE** — Recurso Extraordinário com Agravo
**AREsp** — Agravo em Recurso Especial

**Art.** — Artigo
**CA** — Conflito de Atribuições
**CC** — Conflito de Competência
**CC/02** — Código Civil de 2002 (L. 10.406/2002)
**CC/16** — Código Civil de 1916 (L. 3.071/1961)
**CCm** — Código Comercial
**CDC** — Código de Proteção e Defesa do Consumidor (L. 8.078/90)
**CF/88** — Constituição Federal de 1988
**CJ** — Conflito de Jurisdição
**CJF** — Conselho da Justiça Federal
**CLT** — Consolidação das Leis do Trabalho
**CNE** — Conselho Nacional de Educação
**CNJ** — Conselho Nacional de Justiça
**CP** — Código Penal
**CPC/15** — Código de Processo Civil de 2015 (L. 13.105/2015)
**CPC/73** — Código de Processo Civil de 1973 (L. 5.869/1973)
**CPF** — Cadastro de Pessoas Físicas
**CPI** — Comissão Parlamentar de Inquérito
**CPM** — Código Penal Militar
**CPP** — Código de Processo Penal
**CPPM** — Código de Processo Penal Militar
**CR** — Carta Rogatória
**CR** — Carta Rogatória Impugnada
**CTB** — Código de Trânsito Brasileiro
**CTN** — Código Tributário Nacional
**dec.** — Decisão
**DJ** — Diário da Justiça
**DJE** — Diário da Justiça Eletrônico
**DL** — Decreto-Lei
**DOU** — Diário Oficial da União
**EAC** — Embargos Infringentes em Apelação Cível
**EAg** — Embargos de Divergência no Agravo
**EAR** — Embargos Infringentes em Ação Rescisória
**EC** — Emenda Constitucional
**ECA** — Estatuto da Criança e do Adolescente
**ECR** — Emenda Constitucional de Revisão
**EDcl** — Embargos de Declaração

**EDv** — Embargos de Divergência
**EI** — Embargos Infringentes
**EP** — Execução Penal
**EREsp** — Embargos de Divergência em Recurso Especial
**ERMS** — Embargos Infringentes no Recurso em Mandado de Segurança
**ExecAR** — Execução em Ação Rescisória
**ExecMC** — Execução em Medida Cautelar
**ExecMS** — Execução em Mandado de Segurança
**ExImp** — Exceção de Impedimento
**ExSusp** — Exceção de Suspeição
**Ext** — Extradição
**ExVerd** — Exceção da Verdade
**HC** — Habeas Corpus
**HD** — Habeas Data
**HSE** — Homologação de Sentença Estrangeira
**IBGE** — Instituto Brasileiro de Geografia e Estatística
**ICMS** — Imposto sobre Circulação de Mercadorias e Serviços
**IDC** — Incidente de Deslocamento de Competência
**IExec** — Incidente de Execução
**IF** — Intervenção Federal
**Incra** — Instituto Nacional de Colonização e Reforma Agrária
**INPC** — Índice Nacional de Preços ao Consumidor
**Inq** — Inquérito
**INSS** — Instituto Nacional do Seguro Social
**IPI** — Imposto sobre Produtos Industrializados
**IPTU** — Imposto Predial e Territorial Urbano
**IPVA** — Imposto sobre a Propriedade de Veículos Automotores
**ISS** — Imposto sobre Serviços de Qualquer Natureza
**ITR** — Imposto Territorial Rural
**IUJ** — Incidente de Uniformização de Jurisprudência
**LC** — Lei Complementar
**LCP** — Lei de Contravenções Penais
**LDO** — Lei de Diretrizes Orçamentárias
**LEP** — Lei de Execuções Penais
**LINDB** — Lei de Introdução às Normas do Direito Brasileiro (L. 4.657/1942)

**LLE** — Lei da Liberdade Econômica
**Loman** — Lei Orgânica da Magistratura
**LONMP** — Lei Orgânica Nacional do Ministério Público
**LRF** — Lei de Responsabilidade Fiscal
**MC** — Medida Cautelar
**MI** — Mandado de Injunção
**MP** — Medida Provisória
**MPDFT** — Ministério Público do Distrito Federal e Territórios
**MPE** — Ministério Público Estadual
**MPF** — Ministério Público Federal
**MPM** — Ministério Público Militar
**MPT** — Ministério Público do Trabalho
**MPU** — Ministério Público da União
**MS** — Mandado de Segurança
**NC** — Notícia-Crime
**OAB** — Ordem dos Advogados do Brasil
**ONU** — Organização das Nações Unidas
**P** — Plenário
**PA** — Processo Administrativo
**PEC** — Proposta de Emenda à Constituição
**Pet.** — Petição
**PExt** — Pedido de Extensão
**PGR** — Procurador-Geral da República/
**PPE** — Prisão Preventiva para Extradição
**Prc** — Precatório
**QO** — Questão de Ordem
**RC** — Recurso Criminal
**Rcl** — Reclamação
**RD** — Reconsideração de Despacho
**RE** — Recurso Extraordinário
**REF** — Referendo
**Refis** — Programa de Recuperação Fiscal
**Rel.** — Relator
**REsp** — Recurso Especial
**RHC** — Recurso em Habeas Corpus
**RHD** — Recurso em Habeas Data
**RISTF** — Regimento Interno do Supremo Tribunal Federal

**RISTJ** — Regimento Interno do Superior Tribunal de Justiça
**RMI** — Recurso em Mandado de Injunção
**RMS** — Recurso em Mandado de Segurança
**RO** — Recurso Ordinário
**Rp** — Representação
**RSTJ** — Revista do Superior Tribunal de Justiça
**RvCr** — Revisão Criminal
**SAF** — Secretaria de Administração Federal
**SE** — Sentença Estrangeira
**SEC** — Sentença Estrangeira Contestada
**SF** — Senado Federal
**SL** — Suspensão de Liminar
**SLS** — Suspensão de Liminar e de Sentença
**SS** — Suspensão de Segurança
**STA** — Suspensão de Tutela Antecipada
**STF** — Supremo Tribunal Federal
**STJ** — Superior Tribunal de Justiça
**STM** — Superior Tribunal Militar
**Sum.** — Súmula
**SUS** — Sistema Único de Saúde
**TA** — Tutela Antecipada
**TC** — Tribunal de Contas
**TCDF** — Tribunal de Contas do Distrito Federal
**TCU** — Tribunal de Contas da União
**TJ** — Tribunal de Justiça
**TJDFT** — Tribunal de Justiça do Distrito Federal e Territórios
**TRE** — Tribunal Regional Eleitoral
**TRF** — Tribunal Regional Federal
**TRT** — Tribunal Regional do Trabalho
**TSE** — Tribunal Superior Eleitoral
**TST** — Tribunal Superior do Trabalho

## SUMÁRIO

# Introdução

A função social do contrato é um tema desafiador que nos exige uma análise do hoje, mas sobretudo do ontem. A construção teórica desse tema perpassa por vários contextos históricos, que nos coloca em contemplação quanto à compreensão do estado da arte. Sem dúvidas, é um grande passeio histórico, teórico e filosófico que nos possibilita alcançar uma fração da verdadeira compreensão do assunto.

O Direito é a manifestação da necessidade de proteção de um bem jurídico. Certamente, o seu surgimento é coincidente com a propriedade, esta, como sendo uma manifestação humana e social que reproduz uma tensão antiga relacionada à territorialidade e à hierarquia entre os povos, o que favoreceu a um eterno conflito entre os que "têm bastante" e aqueles que "precisam mais ainda"[18]. Apesar disso, a história do pensamento jurídico nos mostra que a realidade deontológica pretendida pelo Direito não é mais focada exclusivamente na tutela da propriedade.

Na superação do primeiro modelo de Estado, o absoluto, pela formação da doutrina do constitucionalismo, o que se buscou foi a redução do poder atribuído ao Estado, em regra, exercido por um Soberano. Em seguida, a busca foi por liberdade e, mais uma vez, uma abstenção do Estado com relação à autonomia de cada ser humano. Alcançado esse

[18] CUNHA, Paulo Ferreira da. Propriedade e função social. **Revista de Direito Imobiliário**, São Paulo, v. 56, p. 114-126, jan.-jun. 2004, p. 115.

objetivo, naturalmente a liberdade para contratar aumentou, principalmente como pensamento liberal que se instalava naquele momento.

No entanto, embora houvesse um incremento com relação à liberdade do ser humano, o Código Napoleônico, na França, iniciou um movimento restritivo da absoluta autonomia de as partes contratarem entre si. Isso era fruto de um pensamento estritamente positivista legalista, berço, aliás, da Escola Exegética que encontraria fundamento para a sua formação a partir do art. 4º daquele Código.

Em um movimento contrário aos ideais dessa Escola, na Alemanha, a Escola Histórica, com Savigny passou a interpretar a norma de forma lógica, sistemática, histórica e gramaticalmente, superando a ideia de que o Juiz fosse meramente "a boca da lei". Posteriormente, porém, no mesmo âmbito dessa escola, Jhering, pupilo de Savigny, busca atribuir à interpretação da norma, a sua teleologia, a finalidade da norma. Iniciando um novo momento hermenêutico da norma em relação ao caso concreto.

Com o Estado social, já no século XIX, iniciou-se uma discussão com relação à liberdade, sobretudo sobre os impactos que essa causa em relação a terceiros. Isso, transmutado na autonomia privada exercida na seara contratual, passou-se a imaginar se os contratos firmados entre os particulares possuíam alguma função social. Todavia, o amadurecimento desse ponto de vista somente ocorreu após os eventos trágicos da Segunda Guerra Mundial, quando se verifica que a legalidade formal estritamente observada, sem levar em consideração a finalidade da norma, ceifou milhares de vidas.

A norma, então, passa a ter uma função, proteger o ser humano, ou seja, ela parte do ser humano para o ser humano, jamais a norma será o fim, mas o meio que garante proteção à pessoa. Nesse diagnóstico, os direitos fundamentais também recebem um incremento, exigindo que eles deixem de ser meras previsões programáticas nas Constituições, sendo necessária a sua efetivação de fato, inclusive podendo sê-los opostos com relação aos particulares.

Ainda que haja um período para consubstanciar essa ideia, vários Estados passaram a aceitar a sua eficácia horizontal. Essa mudança de pensamento impacta, dentre outras searas, diretamente na contratual, na qual os particulares possuem uma autonomia maior para formalizar e garantir os negócios jurídicos firmados.

A Constituição de 1988 não trouxe consigo a previsão expressa sobre a função social do contrato, porém o entendimento doutrinário e jurisprudencial formou-se no sentido de ele decorrer da eficácia horizontal dos direitos fundamentais, bem como da constitucionalização do Direito Civil.

Com a promulgação do Código Civil de 2002, que foi construído a partir dos princípios da eticidade, operabilidade e sociabilidade, buscou-se atribuir às relações jurídicas privadas a necessidade de observância dos valores constitucionais consubstanciados na Constituição de 1988. Sem dúvidas, isso fica claro com a atribuição do princípio da função social aos contratos, conforme art. 421, do CC/02.

Sob forte influência da dicotomia existente entre a necessidade de intervenção estatal, de um lado, e do liberalismo econômico, de outro, foi inserida a função social como limitadora da liberdade contratual, ambas consideradas cláusulas abertas, de interpretação abrangente por parte dos intérpretes e aplicadores do Direito. Assim, as partes não se limitam apenas e tão somente à decisão de contratar ou não (de ingressar na relação contratual), mas também a de escolher livremente o contratante (liberdade de contratar) e da regulamentação privada do próprio conteúdo do contrato (liberdade contratual).

Inicialmente, as discussões das vontades individuais dos contratantes circulavam como elemento central da fundamentação contratual e da legitimação da força do contrato (*pacta sunt servanda*), sendo certo que tais preceitos evoluíram e se estenderam para outros princípios contratuais, que estão assegurados pela Constituição Federal, pelo Código Civil e pelo Código de Defesa do Consumidor, tais como a dignidade da pessoa humana (art. 1º, III, CF); a boa-fé objetiva e probidade (art. 422 do CC); a solidariedade social (art. 3º, I, CDC); a isonomia substancial (art. 5º da CF, e 3º, III, CDC) *etc.*

Superar o paradigma do individualismo, sem dúvidas, foi um grande avanço, principalmente com a atribuição de função social, a qual está intimamente ligada à noção de circulação de riquezas. Nesse ponto, vale destacar a funcionalização do contrato de adesão, assim entendido como aquele em que a liberdade contratual (negociação do conteúdo do contrato) é totalmente relativizado, justamente no intuito de se demonstrar que esta modalidade contratual não é prejudicial para o sistema jurídico, privativo e negocial, mas, sim, muito necessário por fazer com que, cumprindo-se a função social, circulem riquezas e bens para a sociedade, servindo-se ao seu fim contratual, ou seja, ao objetivo negocial, proporcionar a todos os cidadãos o alcance aos bens e serviços que são ofertados pelas empresas/fornecedoras.

Levando em consideração essas explanações com relação ao contrato de adesão, pode-se perceber que ele não é um mal em si, mas uma modalidade de contrato que tem sido utilizada de forma incorreta, maculando a visão e conceituação social dessa espécie contratual, simplesmente por ser a maneira mais fácil de utilização das cláusulas abusivas, que são afastadas pelo ordenamento jurídico, justamente por ser um contrato em que o que ocorre é uma aderência natural e necessária.

Por isso, entender que o contrato de adesão possui uma função social, que se refere também à relação de consumo, torna-se importante, pois com isso se demonstrará a verdadeira importância do contrato de adesão para a existência de uma sociedade que consiga fazer circular riqueza no Estado.

Com isso, desmistificar-se-á a clássica ideia de que os contratos adesivos seriam perigosos e que seria, por lógico, uma noção equivocada do contrato de adesão que, por vezes, não é bem usado, mas que, muito mais, pode servir ao bem não sendo unicamente um instituto jurígeno que não tenha uma boa forma de aplicação.

O contrato de adesão é capaz de ofertar a muitos a possibilidade de negociar e adquirir bens ou serviços que são essenciais e necessários a uma vida digna, sem a delongada espera que se daria em caso de contratos paritários para todos os cidadãos.

É nessa perspectiva que iremos trafegar, analisando o contrato de adesão sob o olhar dos civilistas que dão a ele uma visão interessante, descobrindo que, neste âmbito do conhecimento jurídico privado, o contrato de adesão pode e tem função social, qual seja a de fazer circular riquezas e ofertar a todos os cidadãos a possibilidade de contratar bens e serviços dos mais variados.

# PARTE I
# A Construção Teórica para uma Função Social dos Contratos

Não é novidade que o Direito surgiu para proteção da propriedade privada; no entanto, a história do pensamento jurídico nos mostra que a realidade deontológica pretendida pelo Direito não é mais focada exclusivamente na tutela da propriedade. No sistema Constitucional vigente do Brasil, a relação contratual pode sofrer inúmeras interferências externas à vontade dos contraentes.

O Estado[19] liberal burguês, considerado como marco inicial do Constitucionalismo[20], trouxe a preocupação primária ao Direito em tutelar

[19] Sobre a noção de Estado, vale trazer as contribuições de Bercovici, quando aduz que a própria noção de Estado não é universal e a-histórica, pelo contrário, serve para designar a forma política utilizada, sendo desnecessário o exaustivo conhecimento dos mais variados conceitos sobre a temática, podendo haver o rompimento com a visão global do Estado. (Bercovici, Gilberto. As possibilidades de uma Teoria do Estado. **Revista de História das idéias**. Vol. 26. Coimbra: Faculdade de Letras, 2005, p. 07-08). Importante rememorar que o Estado não se forma do dia para a noite; sua construção é algo extremamente complexo e de elaboração lenta. Essa constituição do ente estatal é decorrência natural de um tempo relativamente delongado de lutas e conquistas da sociedade. (Chevallier, Jacques. **O Estado pós-moderno**. Tradução de Marçal Justen Filho. Belo Horizonte: Fórum, 2009, p. 25). "As sociedades desde o princípio sempre necessitaram de certa organização, comando e administração, sendo esse o papel muitas vezes exercido pelo ente do qual se está a falar, o Estado. Essas funções de organização e regulação da sociedade foram transferidas para o Estado ente extremamente ligado à realização da coisa pública e proteção dos direitos de seus membros". (Thamay, Rennan Faria Krüger. **A relativização da coisa julgada pelo Supremo Tribunal Federal**: o caso das ações declaratórias de (in)constitucionalidade e arguição de descumprimento de preceito fundamental. Porto Alegre: Livraria

a liberdade, austeridade tributária e garantir um estado abstencionista, dando à nação uma maior liberdade de contratar, pois isso, casava perfeitamente com o pensamento liberal carregado pela burguesia inglesa, facilitando, desse modo, o desenvolvimento do comércio e afastando cada vez mais a presença do Estado das relações contratuais, movimento esse que não sofreu qualquer tipo de oposição à época, haja vista que existia o sentimento negativo em relação à presença estatal, consequência da crise e da queda do regime Absolutista[21].

É bem verdade que tal ideologia liberal fora muito importante para o desenvolvimento industrial, visto que com a limitação do poder estatal inglês, por meio do parlamento instituído e liderado pelos liberais, a Inglaterra tornou-se uma grande potência econômica e posteriormente se tornou o berço da revolução industrial. É nesse contexto que começam a surgir relações entre indivíduos, indivíduos e empresas e surgem problemas sociais e coletivos.

Foi com Engels e Marx que surgiram questões que levaram à queda do Estado Liberal, nascendo, assim, as ideias de um Estado Social. No campo constitucional, foi no México em 1917, que tivemos o nascimento do primeiro Estado Social, na história do pensamento jurídico;

do Advogado, p. 56); "La historia y la especulación demuestran de consuno que el hombre es sociable por naturaleza. Sin embargo, en un principio la sociabilidad obra en el hombre de un modo inconsciente, por medio de agrupaciones cuya organización es rudimentaria; más tarde, el pueblo adquiere conciencia de su unidad y comunidad internas, comprende que es nación, busca una forma política adecuada, y esa tendencia íntima del hombre que le obliga a asociarse, tradúcese en una manifestación externa del conjunto, que suele llamarse genéricamente el Estado. El Estado, aunque en forma muy imperfecta, existe aún en los pueblos bárbaros, pero requiere cierta organización y cultura para llenar sus fines, y los cumple mejor a medida que esa organización se perfecciona y se completa, como sucede en las naciones modernas". (CORONADO, Mariano. **Elementos de derecho constitucional mexicano**. 2 ed. Guadalajara: Escuela de artes y oficios del Estado, 1899, p. 05).

[20] Sobre a garantia da Constituição e da constitucionalidade, observando uma teoria da inconstitucionalidade, ver MIRANDA, Jorge. **Contributo para uma teoria da inconstitucionalidade**. Coimbra: Coimbra, 2007, p. 232-285.

[21] O Estado nasceu no final do federalismo na Europa ocidental, assim como refere Chevallier. (CHEVALLIER, op. cit., p. 24). É feita crítica por Bolzan de Morais de forma plenamente coerente, em relação a alguns autores que insistem em utilizar a ideia de Estado Moderno, o que é naturalmente tautológico, visto que só há Estado na modernidade, sendo as demais experiências apropriáveis. Sobre essa referência, conferir MORAIS, José Luis Bolzan de. **As crises do estado e da constituição e a transformação espacial dos direitos humanos**. Porto Alegre: Livraria do advogado, 2002, p. 23.

posteriormente, surge a República de Weimar. É justamente nesse cenário que começam os debates da liberdade de contratar, seus limites e os reflexos que um pacto privado pode causar a terceiros, ou seja, a relação contratual formada entre particulares possuía efeitos externos? O contrato firmado entre particulares possuía função social?

Na França onde, precisamente, iniciou-se o movimento de retirada da liberdade absoluta das partes em contratar, visto que a experiência do Código napoleônico e a ideia clássica positivista se mostraram ineficientes à luz da dinamicidade das relações pessoais e da função e objeto do Estado.

A conquista de nossa atual democracia, analisada sob a hodierna realidade estatal, proveio de um passado de muitas lutas, derrotas, conquistas e vitórias, até alcançarmos, com a edificação pela Constituição Federal de 1988, um rememorado ideal de democracia, prometendo, dentre vários aspectos, muitas outras conquistas sociais[22], assim entendidas como a realização de ideais de valores humanos e a própria concretização de direitos sociais e fundamentais, principalmente por trazer novas perspectivas aos cidadãos, desde que, por evidente, tais conquistas sejam efetivas, justas e, de todo modo, alcançáveis a todos os interessados.

Feito esse recorte histórico, o Direito Civil brasileiro sofre enormes mudanças deontológicas no ano de 2002, com a vigência do novo Código Civil Brasileiro. Como bem ensinou o professor Reale, as relações contratuais começaram a ser pautadas pelas Eticidade e Socialidade, ou seja, temos como inclusão no novo sistema civil brasileiro a presença constante do princípio da boa-fé. Isso representa uma mudança de visão extremante contrária ao que pregava o Código Civil anterior, visto que, nesta nova fase do Direito Civil Brasileiro, a propriedade privada ficaria em segundo ou terceiro plano, haja vista que a lei ou o Direito vem a tutelar a pessoa humana, que detém direitos individuais e coletivos.

[22] Essa análise, a partir de um passado iluminado, é relevante para que o futuro seja influenciado por um passado vitorioso e belo; isso é relevante para que a nossa sociedade não ande em um futuro nebuloso, fazendo vívidas as palavras de Tocqueville, que foi magistrado em 1827, de que o passado, quando não mais ilumina o futuro, deixa o espírito andando nas trevas. Nestes termos, veja: TOCQUEVILLE, Alexis de. **La démocratie em Amérique**. T. II. Paris: Garnier: Flammarion, 1951, p. 336.

O maior exemplo dessa mudança consta nos arts. 421, 421-A e 422, do Código Civil Brasileiro, em que o *mandamus* legal determina que as relações contratuais devam ser pautadas pelo princípio da boa-fé e que o contrato possua uma função social, colocando, desse modo, os direitos individuais e coletivos como um limitador do objeto contratual entre as partes, visto que, por mais que o contrato celebrado entre duas pessoas seja um instrumento particular, e que, em tese, apenas as partes podem estabelecer balizas para a celebração do instrumento jurídico desejado, esse instrumento poderá sofrer interferências externas, mesmo que essas interferências sejam alheias à vontade dos contraentes.

# 1. A "Crise" do Atual Modelo de Estado

As sociedades desde seu princípio sempre necessitaram de certa organização, comando e administração, sendo esse o papel muitas vezes exercido pelo ente do qual se está a falar. Essas funções de organização e regulação da sociedade foram transferidas a um ente que estivesse extremamente ligado à realização da coisa pública e à proteção dos direitos de seus membros[23], o Estado.

A criação desse ente, de grandiosa importância, foi obra daquilo que chamamos de modernidade[24], sendo, realmente, uma elaboração complexa[25] e muito moderna para uma sociedade que antes não sabia a correta forma de se organizar e de se autodeterminar. Esta necessidade de

[23] Nesse sentido, Jacques Chevallier refere ser o Estado uma figura necessária à administração e organização da política. (Chevallier, op. cit., p. 24.)

[24] É feita crítica por Morais, de forma plenamente coerente, em relação a alguns autores que insistem em utilizar a ideia de Estado Moderno, o que é naturalmente tautológico, visto que só há Estado na modernidade, sendo as demais experiências apropriáveis. Sobre essa referência Cf. Morais, José Luis Bolzan de. **As crises do estado e da constituição e a transformação espacial dos direitos humanos**. Porto Alegre: Livraria do advogado, 2002, p. 23. Assim, vale ressaltar que o Estado nasceu no final do federalismo na Europa ocidental. Cf. Chevallier, op. cit., p. 24. Sobre a forma de compreensão da ideia de modernidade, vale observar Santos, Boaventura de Sousa. **Pela mão de Alice**. O social e o político na pós-modernidade. 7. ed. São Paulo: Cortez, 2000, p. 322-323.

[25] Jacques Chevallier aduz ser o Estado uma figura abstrata. Para aprofundar mais essa questão, deve ser consultada a obra do próprio autor, acima referido. (Ibid. p. 24.)

transferir tais atribuições ao Estado[26] é natural, visto que gerir a coisa pública[27] e organizar as relações sociais é tarefa extremamente complexa que não seria alcançada com êxito por uma só pessoa, ou ainda por um grupo.

Chegou-se à situação atual onde os seres humanos são "comandados" por este ente que se pôs a buscar cada dia melhor administrar a coisa pública, sendo, veridicamente, regrado por princípios como o da legalidade, moralidade e eficiência que são temáticas relacionadas àquilo que se acabou por intitular de Direito Administrativo[28].

Com tudo isso, o Estado foi ganhando importância a cada dia, aumentando seu leque de atuação e de proteções, concedendo aos seus cidadãos aquilo que efetivamente tenham direito, frente às regras postas, visando à manutenção da dignidade de seus cidadãos, gerindo sempre da melhor forma a *rés* pública.

A estrutura estatal que foi posta em prática sempre foi muito demandada pela sociedade, criando a cada dia mais atribuições e responsabilidades para esse ente, buscando, sempre que possível, a realização das pretensões individuais e coletivas.

Esse modelo de Estado, que foi muito bem pensando para a sua época de elaboração, passa hoje por diversos problemas das mais diferenciadas índoles. Esse Estado, que foi criado e pensado para servir ao cidadão, acabou sofrendo cada vez mais com o aumento de solicitações, pretensões e demandas dos cidadãos, em decorrência da complexidade da vida em coletivo e da pobreza que se instalou no País, fazendo com que esse próprio Estado, planejado para realizar as necessidades dos cidadãos, não consiga dar seguimento e resposta a todos que procuram o apoio estatal, tornando-se um Estado de promessas e de "sonhos" não cumpridos.

[26] Sobre a noção de Estado, vale trazer as contribuições de Bercovici, quando aduz que a própria noção de Estado não é universal e a-histórica, pelo contrário, serve para designar a forma política utilizada, sendo desnecessário ou exaustivo o conhecimento dos mais variados conceitos sobre a temática, podendo haver o rompimento com a visão global do Estado. (BERCOVICI, Gilberto. As possibilidades de uma Teoria do Estado. **Revista de História das idéias**. Vol. 26. Coimbra: Faculdade de Letras, 2005, p. 07-08.)

[27] Veridicamente o Estado se presta a representar e buscar o interesse geral, buscando a realização dos direitos dos cidadãos, assim: CHEVALLIER, op. cit., p. 24-25.

[28] Cf. DI PIETRO, Maria Sylvia Zanella. **Direito administrativo.** 15. ed., São Paulo: Atlas, 2003, p. 67 e ss.

Essa situação se dá por diversas razões, desde a própria desorganização estatal indo à total impossibilidade de responder aos reclames sociais em decorrência da completa ausência de organização e do grande aumento de demandas da sociedade que acabou por descobrir que o Estado deve cumprir algumas de suas responsabilidades frente à sociedade, por ser essa a sua função e obrigação[29].

Esse Estado, que, realmente, tem deveres a cumprir, está em nossos dias em situação de complexidade extrema, por não poder responder aos reclames sociais da forma que deveria, atuando, portanto, somente de acordo com a sua baixa capacidade, mesmo sabendo que por vezes essa forma não chega a ser a adequada o suficiente às necessidades sociais.

Um clássico exemplo dessa problemática está na judicialização da saúde. É comum, atualmente, ver ações que buscam medicamentos ou ainda o custeio de um tratamento a pacientes que não conseguem junto ao poder público a solução dos seus problemas mais elementares, o direito fundamental à saúde. O Estado, por vezes, encontra-se em total impossibilidade de arcar com seus deveres frente à sociedade e, mesmo assim, segue condenado a tanto[30].

Outro grande foco dessas celeumas, e que se tornou frequente, foram as relações previdenciárias, onde o Estado se encontra a cada dia

[29] Jacques Chevallier refere que por todo esse comprometimento estatal o Estado acaba sendo a expressão de seu poderio coletivo. Sempre pensando como o autor, de que o Estado visa à realização dos direitos humanos, sendo esses um dos investimentos estatais, podendo, inclusive, usar como apoio para essa realização a ajuda das Organizações não governamentais (ONG's), nesse sentido (Chevallier, op. cit., p. 24, 51-52.)

[30] Nesse sentido é o entendimento fixado pelo Supremo Tribunal Federal, *in verbis*: "RECURSO EXTRAORDINÁRIO. CONSTITUCIONAL E ADMINISTRATIVO. DIREITO À SAÚDE. TRATAMENTO MÉDICO. RESPONSABILIDADE SOLIDÁRIA DOS ENTES FEDERADOS. REPERCUSSÃO GERAL RECONHECIDA. REAFIRMAÇÃO DE JURISPRUDÊNCIA. O tratamento médico adequado aos necessitados se insere no rol dos deveres do Estado, porquanto responsabilidade solidária dos entes federados. O polo passivo pode ser composto por qualquer um deles, isoladamente ou conjuntamente. (RE 855178 RG, Relator(a): LUIZ FUX, Tribunal Pleno, julgado em 05/03/2015, PROCESSO ELETRÔNICO REPERCUSSÃO GERAL - MÉRITO DJe-050 DIVULG 13-03-2015 PUBLIC 16-03-2015)". A partir desse recurso, o Supremo Tribunal fixou a tese nº 793, no sentido de que "Os entes da federação, em decorrência da competência comum, são solidariamente responsáveis nas demandas prestacionais na área da saúde, e diante dos critérios constitucionais de descentralização e hierarquização, compete à autoridade judicial direcionar o cumprimento conforme as regras de repartição de competências e determinar o ressarcimento a quem suportou o ônus financeiro.".

em situação mais complexa, visto que foi recebida a contribuição para que em momento oportuno fosse utilizado o valor para que se propiciasse a aposentadoria aos beneficiários, o que, hoje em dia, tornou-se cada vez mais difícil de implementação adequada, frente à ausência de contribuições suficientes para manter os benefícios concedidos e os que ainda serão concedidos.

É nesse modelo de Estado[31] que vivemos hoje, em uma realidade pós-moderna[32], onde as demandas e complexidades aumentam a cada dia, devendo o Estado estar preparado para conseguir cumprir com seus deveres.

Essa ocorrência se torna cada dia mais difícil de realização e de alcance a todos os membros da sociedade, frente ao enorme crescimento da população e à ausência de condições econômicas do Estado para realizar todas as políticas públicas e direitos sociais e fundamentais.

Frente a esse "quadro", pintado através do tempo que foi maldoso para com o ente estatal, torna-se perceptível o real desequilíbrio que vivencia o Estado e todas as suas instituições[33]. Isso talvez seja reflexo de uma sociedade em crise, onde o próprio modelo capitalista foi falho, sendo crítica a situação das próprias pessoas que, a cada dia, estão em maior dificuldade. O Direito, como ciência, também, passa por uma instabilidade de magnitude gigantesca, em que institutos dos mais variados e firmes estão sendo relativizados, flexibilizados e, por vezes, desconsiderados[34].

[31] Cf. CHEVALLIER, op. cit., p. 76. Nesse peculiar, o autor sustenta que o Estado tenha como um de seus diversos objetivos o de criar condições para o País resolver seus interesses nacionais, sendo o Estado como que um "advogado" do interesse público e nacional.

[32] Sobre a temática da pós-modernidade, pode ser conferida a obra de BAUMAN, Zygmunt. **O mal-estar da pós-modernidade**. Trad. Mauro Gama, Cláudia Martinelli Gama. Rio de Janeiro: Jorge Zahar, 1998, p. 7.

[33] Surge latente o questionamento se estaria o ente estatal em decadência natural, sendo concluído que as mudanças descuidadas e por vezes formuladas a qualquer *modus* acaba por colocar o Estado em situação de decadência. Cf. CHEVALLIER, op. cit., p. 11.

[34] Nesse sentido, vale observar a relativização da coisa julgada que era até pouco tempo atrás uma garantia constitucional inviolável, mas que hoje se encontra em plena relativização, sendo algo inimaginável tempos atrás, mas que, frente à tamanha crise que o Direito e o Estado vivenciam, tornou-se possível e real. Nesse sentido, vejamos alguns doutrinadores que reconhecem a relativização da coisa julgada nos processos frente ao Supremo Tribunal Federal, *in*: CLÈVE, Clèmerson Merlin. **A fiscalização abstrata da constitucionalidade no direito brasileiro**. 2. ed., São Paulo: Revista dos Tribunais, 2000, p. 306; MENDES, Gilmar

É nesse ínterim que as coisas caminham, para uma situação cada vez mais caótica para uma sociedade que acaba por evoluir de forma abrupta sem o devido planejamento e crescimento e evolução jurídico-sócio-política.

De tudo isso, devem ser retiradas boas lições, para o melhor desenvolvimento social, sabendo que a sociedade e o Estado vivenciam uma crise, poderão crescer com ela, visto que esses declínios guardam relação próxima com a constante mudança social[35]. Sabe-se que um Estado que esteja em crise está, também, em constante evolução[36], visando ao crescimento e à superação das dificuldades anteriormente sofridas.

Não se discute se há ou não crise estatal, sabe-se da existência dessa crise por todas as ocorrências hodiernas. Embora seja a crise difícil e muito prejudicial, por vezes, é a forma de uma vitória posterior que é construída a partir da escapada das dificuldades vivenciadas. Certo é que não haverá sociedade pós-moderna e organizada sem um Estado, pois este é a caracterização límpida da relação organizada entre seres viventes de uma mesma localidade que não poderão ser e ter seus direitos assegurados sem a presença desse ente que foi pensado e criado para salvaguardar os seres humanos das arbitrariedades dos próprios humanos. Assim, crise há, mas poderá essa ser claramente transposta pela sociedade de nossos dias, desde que haja um comprometimento em respeitar as individualidades e necessidades de cada um, buscando frente ao Estado aquilo que efetivamente seja de direito e, acima de tudo, possível ao Estado.

Ferreira. **Jurisdição constitucional.** 3. ed. São Paulo: Saraiva, 1999, p. 291; Streck, Lênio Luiz. **Jurisdição constitucional e hermenêutica**: uma nova crítica do direito. 2. ed. Rio de Janeiro: Forense, 2004, p. 569. Araujo Cintra, Antônio Carlos de. **Comentários ao código de processo civil.** 4 v. Rio de Janeiro: Forense, 2003, p. 305.

[35] Veridicamente, com arrimo em Chevallier, pode-se afirmar que o Estado e suas mudanças são capazes de alterar uma realidade social de forma fundada. Cf. Chevallier, op. cit., p. 11.

[36] O Estado que está em crise, sabidamente, estará em crescimento ou transformação, pois a crise faz com que o ente tome as providências necessárias para crescer e superar a crise. Desta feita a crise do Estado nos coloca em estágio de constante transformação e mudança de concepção de Estado. Assim deve ser observado o posfácio da obra de Chevallier, op. cit., p. 279.

## 1.1 A "crise" da Constituição

A carta Magna foi, efetivamente, uma das maiores – se não a maior – conquista de nossa sociedade que sempre sofreu muito com "desmandos" e abusos que já vinham tornando o Direito algo aparentemente impotente.

Essa realidade começou a mudar com a Revolução Francesa de 1879, garantidora de diversos direitos, onde nasceu o movimento intitulado como constitucionalismo moderno[37], sendo extremamente relevante para a formação de uma Constituição escrita, limitação à atuação do Estado, por meio da positivação de direitos fundamentais da liberdade e exigindo, por outro lado, a sua atuação diante da promoção de direitos fundamentais sociais[38] para uma sociedade que carecia desses cuidados e garantias a serem ofertadas pelo Estado[39].

[37] Sobre o constitucionalismo, conferir CANOTILHO, José Joaquim Gomes. **Direito constitucional e teoria da constituição.** 7 ed. Coimbra: Almedina, 2007, p. 51. Também relevante observar o viés que é abordado por Cittadino ao referir o movimento do constitucionalismo comunitário que possivelmente se instalou no Brasil, sendo uma visão peculiar sobre a temática, razão pela qual deve ser, pelo menos, referida. CITTADINO, Gisele. **Pluralismo direito e justiça distributiva**: elementos da filosofia constitucional contemporânea. 4. ed. Rio de Janeiro: Lumen Juris, 2009, p. 11-15. "O constitucionalismo surge como fenômeno histórico-político, cuja função consiste em limitar e racionalizar o poder político, estabelecendo todas as regras normativas a partir das quais o Estado pode agir. Ademais, é o constitucionalismo que impõe limites ao poder soberano, mediante a divisão de poderes, estabelecendo como valores primordiais da sociedade a liberdade, a igualdade e a preservação dos direitos fundamentais.". (ABBOUD, Georges. **Processo constitucional brasileiro**. São Paulo: Revista dos Tribunais, 2016, p. 47.)

[38] Neste sentido SAGUES, Nestor P. **Elementos de derecho constitucional**. T. I. Buenos Aires: Artraz, 1997, p. 08. *Vide*: "Em definitiva, los contenidos del constitucionalismo individualista consagran un positivo y minucioso catálogo de facultades, garantías e derechos personales, públicos y privados, vinculados con la dignidad humana (como los de libertad física y de tránsito; libertad de expresión, en particular de la prensa; derecho de reunión y de peticionar a las autoridades; de sufragio; de enseñar y aprender; de libertad de cultos y derecho a la privacidad; de inviolabilidad del domicilio y papeles privados; de derecho procesal y derecho penal, etcétera)".

[39] Veridicamente a função do Estado é realizar e produzir o coletivo, protegendo aquilo que a todos cidadãos interesse e seja relevante, isso é a busca da efetividade do coletivo, superando a antiga visão preocupada em realizar o direito individual. Cf. CHEVALLIER, op. cit., p. 62.

Após toda essa realidade, onde os países passaram a positivar[40] o que seria, naturalmente, um Direito Constitucional, o Brasil, por exemplo, passou a valorizar muito mais a Carta Política, sendo essa prática totalmente diferente da anterior, onde o que efetivamente importava eram as normas infraconstitucionais, sendo o caso dos Códigos Civil e Penal, por exemplo.

A Constituição ganhou força[41] com o correr do tempo, sendo isso natural da nova realidade que as sociedades começaram a vivenciar: uma Constituição realmente forte e respeitada. Nesse sentido, a Constituição Federal foi ganhando campo e se tornando indispensável.

Com essa natural evolução, a Carta Política acabou por sair do "anonimato" e passou ao total "sucesso" vivenciando em nossos dias crises e problemáticas das mais complexas, onde acaba havendo desrespeito das positivações postas no corpo constitucional, o que em nossa realidade não é prática aceitável.

Instalada a crise, surgiram as violações a direitos como ao direito adquirido[42], coisa julgada[43], ato jurídico perfeito, igualdade, legalidade,

[40] Sobre a ideia do Direito positivo, ver KELSEN, Hans. **O que é justiça?** A justiça, o direito e a política no espelho da ciência. Trad. Luís Carlos Borges. São Paulo: Martins Fontes, 1998, p. 364. Ademais, muito tem se apregoado sobre a afirmação de que o Direito se restrinja à Lei, supostamente embasados em Kelsen, afirmando que essa argumentação estaria em sua obra Teoria pura do direito, dúvidas surgem sobre essa maneira de vislumbrar a obra do referido autor, assim, vale a pesquisa na referida obra, *vide*: KELSEN, Hans. **Teoria pura do direito.** Trad. João Batista Machado. 4 ed. São Paulo: Martins Fontes, 1994, p. 33 e ss.

[41] Vale observar o que nos diz Bercovici quando afirma que o Estado que era o centro dos estudos passou a ceder lugar e espaço para a crescente relevância da Constituição, o que se justifica por naturalidade. (Bercovici, Gilberto. As possibilidades de uma Teoria do Estado. **Revista de História das idéias.** Vol. 26. Coimbra: Faculdade de Letras, 2005, p. 27.)

[42] Sobre a temática, buscar esclarecimentos em FRANÇA, Rubens Limongi. **A Irretroatividade das leis e o direito adquirido.** 4 ed. São Paulo, Revista dos Tribunais, 1994, p. 210-211.

[43] Em relação à coisa julgada, vale averiguar a sua possível relativização, o que demonstra claramente a crise vivenciada pelos institutos jurídicos e da Constituição, por estarem esses institutos apregoados pela Carta Magna, gerando, claramente, efeitos na crise do Estado. Essa relativização da coisa julgada pode ocorrer tanto no processo objetivo quanto subjetivo, incidindo, em tese e em parte, em uma mesma forma. Veja, nesse sentido, alguns posicionamentos na doutrina que analisaram a questão, em nível de processo objetivo, e que foram determinantes para que se chegasse a um entendimento razoável. Clève, observando o voto do ministro Carlos Veloso na ADC 1-1-DF, contribui arguindo que "É necessário, na ação de constitucionalidade, do mesmo modo que ocorre com a ação direta inconstitucionalidade, interpretar a coisa julgada e a eficácia erga omnes cum grano salis. Sim, porque a declaração

dentre outros tantos direitos sociais e fundamentais. Essas práticas violadoras não poderiam ocorrer. Para superar essas problemáticas, dentre outras, foi criado o controle de constitucionalidade[44] para solver as celeumas entre as Leis ou atos normativos e o texto Constitucional e suas garantias fundamentais naturais.

Nesse sentido, soluções foram pensadas e postas em prática, visando à proteção da própria Carta Política que é fruto de todo o delongado

de constitucionalidade de lei não pode impedir, diante de alteração das circunstâncias fáticas ou da realidade normativa, a propositura da ação direta de inconstitucionalidade. Embora por razões óbvias, a recíproca não seja verdadeira, hoje, a lei pode ser constitucional, amanhã não". (CLÈVE, op. cit., p. 306). "A coisa julgada nos processos objetivos ocorre nos mesmos moldes dos processos subjetivos. Parece claro, como foi dito, que, alteradas as circunstâncias jurídicas e o entendimento a respeito da norma que levou o Supremo Tribunal a determinada orientação, a coisa julgada anterior não impede a revisão do posicionamento porque toda coisa julgada tem, sempre, a cláusula rebus sic stantibus". Apud. LIEBMAN, Enrico Tullio. **Eficácia e autoridade da coisa julgada**. Trad. Alfredo Buzaid e Benvindo Aires. São Paulo: Forense, 1981, p. 25). Gilmar Mendes afirma que "ação fundada em fato superveniente não é renovação de ação. É outra ação, com nova causa de pedir. Não se defronta com o obstáculo da coisa julgada". *in:* MENDES, Gilmar Ferreira. **Jurisdição constitucional.** 3. ed. São Paulo: Saraiva, 1999, p. 291. Assim, Streck argumenta que "não há, pois, um caráter absoluto na decisão que declara, de forma direta ou indireta, a constitucionalidade de um ato normativo, uma vez que a mutação do contexto social-histórico pode acarretar uma nova interpretação. Por isso, a hermenêutica de matriz fenomenológica pode contribuir para a elucidação dessa problemática, uma vez que o processo de interpretação é sempre produtivo (Sinngebung), e não meramente reprodutivo (Auslegung). Uma lei pode ser constitucional em um dado momento histórico e inconstitucional em outro". *Vide:* STRECK, Lênio Luiz. **Jurisdição constitucional e hermenêutica**: uma nova crítica do direito. 2. ed. Rio de Janeiro: Forense, 2004, p. 569. Por fim, Clève aduz que "a coisa julgada, entretanto, não "congela" ("engessa") de modo definitivo a jurisprudência do Supremo Tribunal Federal, já que no Brasil, como nos demais países (EUA, por exemplo) a alteração das circunstancias fáticas pode autorizar o deslocamento da compreensão constitucional de dada matéria. Assim, declarada a constitucionalidade de uma determinada lei, em virtude da sentença que julga improcedente a ação direta, não está impedido o Supremo Tribunal Federal de, mais tarde, uma vez alterado o sentido da norma paramétrica ou mesmo da normativa-objeto, e quando devidamente provocado decretar a inconstitucionalidade do dispositivo atacado". (CLÈVE, op. cit., p. 246).

[44] Nesse sentido vale lembrar a conflituosa disputa existente entre Kelsen e Schmitt sobre a temática de quem deveria ser o guardião da Constituição, sendo ao final vencedora a tese de Kelsen em que o controle deveria ser exercido por um Tribunal Constitucional e não pelo Chefe do Reich – diga-se em nossa sistemática o Chefe do Executivo – deixando a questão solvida desde aquela época e que se aplica nos mesmos moldes em nossos dias.

período de lutas e vitórias obtidas depois de muito sacrifício[45]. Dizer que esse modelo de Constituição é perfeito é verdadeiro exagero, mas, também, não devemos desconsiderar a grande evolução que foi dada em um tempo relativamente curto.

A crise da Constituição é, aparentemente, decorrência da crise do Estado, visto que ambos andam juntos e, se o modelo de Estado não está, veridicamente, fora da crise, a Carta Magna também não poderia estar, já que são ambos intimamente ligados, e a Constituição decorre da própria vontade estatal e social. Exigir uma superação dessa crise de forma rápida é algo que não parece ser facilmente exequível, pois para superar essa problemática necessitamos vencer a crise Estatal, passando, então, a superar a crise constitucional vivenciada por nossa sociedade e País. A crise parece ser uma ocorrência global, o que demonstra que a solução a ser pensada não será singela, muito antes pelo contrário, será complexa.

Possuir uma Constituição que, aparentemente, não consegue realizar sequer seus objetivos, como os elencados em seu art. 3º, demonstra realmente que a Carta Magna é formalista e por vezes pouco realista[46]. Outra problemática está ligada ao Estado democrático[47] de direito, o qual o Brasil formalmente escolheu, sendo esse até o presente momento não realizado veridicamente, seguindo essa ocorrência as previsões esposadas

[45] Importante rememorar que o Estado não se forma do dia para a noite; sua construção é algo extremamente complexo e de elaboração lenta. Essa constituição do ente estatal é decorrência natural de um tempo relativamente delongado de lutas e conquistas da sociedade. Nesse sentido, observar as lições de Chevallier, op. cit., p. 25.

[46] Nesse sentido vale observar as palavras de Giacomuzzi, arguindo que o que deveria haver, em nossos dias, é, efetivamente, um maior apego à realidade e não meramente à legalidade. O referido autor acaba fazendo um estudo do realismo americano que certamente poderia influenciar muito nessa busca de superação do normativismo. Cf. Giacomuzzi, José Guilherme. As raízes do realismo americano: breve esboço acerca de dicotomias, ideologia, e pureza no direito dos USA. **Revista de Direito Administrativo**, Rio de Janeiro, v. 239, p. 359-388, jan. 2005. Disponível em: <http://bibliotecadigital.fgv.br/ojs/index.php/rda/article/view/43873>. Acesso em: 06 ago. 2020.

[47] Sobre a formação de uma democracia, para entender a correta conceituação dessa palavra, averiguar Bobbio, Norberto. **Liberalismo e democracia**. Trad. Marco Aurélio Nogueira. São Paulo: Brasiliense, 2000, p. 37. Nesse pondo o autor aproxima a democracia da ideia de igualdade. Ainda na perseguição do que venha a ser a democracia vale conferir Bonavides, Paulo. **Teoria constitucional da democracia participativa**. São Paulo: Malheiros, 2001, p. 25 e ss. García-Pelayo, Manuel. **As transformações do estado contemporâneo**. Trad. Agassiz Almeida Filho. Rio de Janeiro: Forense, 2009, p. 33.

pelo teórico da democracia Rousseau[48] que, embora, entendesse ser esse modelo um dos melhores a ser adotado, jamais acreditou na real aplicabilidade e realização desse regime por ser extremamente difícil.

Mesmo assim, analisando todas essas peculiaridades, devemos nos inclinar às grandiosas conquistas que foram trazidas com a Constituição de 1988, onde os brasileiros passaram a conhecer, por exemplo, direitos sociais como a possibilidade de trabalho devidamente legalizado, assim como o direito à liberdade de ir e vir e de pensamento. Por mais que exista crise, como foi referido anteriormente, deve haver respeito para com a Carta Política que foi um marco vitorioso em nossa sociedade que hoje pode se basear nas conquistas que estão positivadas, considerando a natural evolução do Direito Constitucional conforme as necessidades nacionais, servindo as emendas constitucionais a esse desiderato.

## 1.2 A "crise" dos contratos

É certo que ao longo dos anos muito se tem anunciado a respeito de um suposto declínio das relações contratuais, ou de uma suposta crise nos contratos, em razão da evolução natural da sociedade, da interpretação dos contratos, da vida moderna "em alta escala", na velocidade das transações sociais e econômicas, culminando na dinamicidade das relações contratuais.

Em um mundo onde se exige, cada vez mais, agilidade nas negociações e de tomada de decisões complexas em nossas relações cotidianas, é que houve a inserção no mundo dos contratos de bases principiológicas necessárias para retirar o individualismo (outrora encravado na realidade civil de 1916), privilegiando a socialidade e eticidade das relações que permeiam a "nova sistemática" civil do Código de 2002.

Com efeito, analisando os ideais e as teorias clássicas a respeito dos contratos, podemos visualizar que, preponderantemente, vigorava sob tais relações um viés eminentemente rígido quanto à autonomia da vontade, sobretudo em razão da primazia do princípio da *pacta sunt servanda*, ou seja, com uma força de imutabilidade quanto às suas cláusulas e, especialmente, à sua vinculação obrigatória. Contudo, como afirmado, a sociedade evolui, assim como evoluem as suas relações, com

[48] Rousseau, Jean-Jacques. **O contrato social**. Trad. Paulo Neves, Porto Alegre: L&PM, 2009, p. 80-81.

constantes e crescentes transformações ao longo do tempo, em especial, no Direito privado, como um todo, onde as contratações não são mais aquelas realizadas como nos tempos passados, sendo certo que, agora, com o fenômeno da produção em massa (chamadas de "*mass production*") os contratos também são produzidos, dessa forma, "em massa", não existindo qualquer possibilidade de discussão, diálogo ou consentimentos recíprocos a respeito de seus conteúdos, como também não há a possibilidade de serem elaborados contratos individualizados, por parte dos fornecedores, para cada um de seus clientes, ante à massificação da relação de consumo.

Daí o surgimento de um modelo de contrato chamado, por alguns, de "contratos-modelos", contratos "standards" e/ou contratos padronizados, cujas cláusulas já estão prontas, previamente estabelecidas, seja de forma unilateral por um dos contratantes, ou, até mesmo, pré-estabelecidos, tais como aqueles contratos padrões, comprados em papelarias (tais como contratos de locação, de prestação de serviços, dentre outros), ou até mesmo aqueles modelos disponíveis na rede mundial de computadores, evidenciando, ao certo, que tais "contratos" não refletem, de maneira inequívoca, a real e verdadeira vontade das partes, que deveria ser o fruto das discussões tidas para se chegar a um consenso.

De fato, a nova realidade contratual, derivada dessa própria evolução social, necessitou de uma intensa e convulsiva transformação no universo contratual, especialmente para a teoria geral dos contratos, tendo como principal objeto de análise o redimensionamento dos limites para a especificação dos conteúdos contratuais (liberdade contratual), sem que isso importe na limitação da própria autonomia privada, tampouco acarretando na exclusão dessas próprias limitações[49].

É certo que as relações contratuais, por mais que evoluam ou se tornem cada vez mais dinâmicas (v.g., novos contratos/contratações pela internet), nunca deixarão de existir, como outrora afirmavam a existência de "crise", ou até mesmo de morte, em tais relações (e dos próprios

[49] *Without giving much thought to the matter, we have tended to assume that "Contract" came first, and then, in time, the various specialties-negotiable instruments, sales, insurance and so on-split off from the main trunk. The truth seems to be the other way around. The specialties were fully developed long before the need for a general theory of contract had occurred to anyone.* GILMORE, Grant. **The Death of contract. Edited and with a foreword by Ronald K. L. Collins.** The Ohio State University Press. Columbus, 1969, p. 11/812.

contratos, propriamente ditos), por alguns contratualistas do Direito comparado, como Gilmore[50] ou Savatier[51], bem como mencionam consagrados autores pátrios, como Noronha[52] e Dantas[53], certo é que o termo "crise", utilizado pelos juristas, na verdade, não identifica uma efetiva morte do Direito contratual (ou em extinção dos contratos), mas, sim, efetivamente, na necessidade de como o contrato e as suas relações interpessoais serão reestruturadas, da mesma forma que será imperativo renovar os pressupostos e princípios da própria Teoria Geral do Direito, redimensionando o alcance principiológico das bases contratuais e os limites da liberdade contratual, sendo a função social primordial para tal mister.

Assim, surge a figura do dirigismo contratual, figura conceituada como a necessidade de intervenção do Estado no domínio econômico, especialmente conferindo limites para o exercício da liberdade contratual, bem como estabelecendo regramentos, limitações e, até mesmo,

[50] Conforme preceitua Scott: *"Há trinta anos, Grant Gilmore previu a morte do contrato. Ele viu a expansão da responsabilidade legal por promessas confiadas como evidência de que o contrato estava sendo engolido por vários instrumentos e logo desapareceria como um corpo de lei independente e coerente. Gilmore interpretou essa tendência como o repúdio à teoria clássica do contrato, uma teoria que enfatizava o papel central da lei na imposição e interpretação de promessas negociadas. Na opinião de Gilmore, a teoria da barganha devia mais à imaginação de Oliver Wendell Holmes do que à própria regulamentação, mas, em todo o caso, em 1972 os limites do modelo clássico baseado em considerações haviam sido claramente violados, uma nova versão expansiva do contrato. a lei estava surgindo e, para Gilmore, o triunfo da confiança nas barganhas era um desenvolvimento totalmente salutar".* (SCOTT, Robert E. The Death of Contract Law. **University of Toronto Law Journal**, v. 54, n. 4, p. 369-390. 2004.)

[51] SAVATIE, Rene. **Les metamorphoses economiques et sociales du droit civil d'aujourd'hui**. Paris: Dalloz, 1964. Ainda, Rodrigues ensina que "Tanto o princípio da autonomia de vontade como o da obrigatoriedade das convenções perderam um a parte de seu prestígio, e m face de anseios e preocupação novas, ne m sempre atendidos no apogeu do regime capitalista. A verificação de tais circunstâncias conduziu o legislador a intervir no contrato, para remediar os efeitos da desigualdade existente. Fê-lo usando do próprio mecanismo, acima explicado, ou seja, criando, para limitar a autonomia da vontade, novas normas de ordem pública, contra as quais esbarra a liberdade de estipular. Assim, entre nós, vimas aparecer a Lei da Usura, as leis do inquilinato, a Lei de Usura etc. (RODRIGUES, Silvio. **Direito civil**: dos contratos e das declarações unilaterais da vontade (v. 3). 4 ed. São Paulo: Saraiva, 1972, p. 19.)

[52] NORONHA, Fernando. **O direito dos contratos e seus princípios fundamentais: autonomia privada, boa-fé, justiça contratual**. São Paulo: Saraiva, 1994.

[53] DANTAS, San Tiago. Evolução contemporânea do direito contratual. **Revista de Direito Civil Contemporâneo**, São Paulo, vol. 6. ano 3. p. 261-276, jan.-mar. 2016.

imposições para a contratação, tendo na função social, certamente, como o grande limite para a estipulação do conteúdo dos contratos.

Como sabido, o Código Civil foi instituído sob três princípios fundamentais, quais sejam da eticidade, da socialidade e da operabilidade. Podemos afirmar que, pela socialidade, exige-se que o Código Civil deixe totalmente de lado a ideia individualista e patrimonialista, mudando seu modo de tutelar as relações de natureza privatista, bem como de seu próprio modelo de interpretação, para adotar uma posição muito mais voltada para o social, ou seja, para "o todo", fundamentando, dessa forma, a existência do *princípio da função social.*

Desta forma, o Código Civil de 2002 abandonou sua rigidez característica do privatismo do ordenamento jurídico anterior, para voltar seus olhos e suas preocupações para o social, a coletividade, a sociedade, incorporando, inclusive nas relações contratuais, os princípios sociais, tais como a função social do contrato e a boa-fé objetiva.

Esses chamados princípios sociais vieram renovar as relações contratuais e os próprios contratos, em especial, relativizando os efeitos do contato, tal como o da força obrigatória dos contratos (*pacta sunt servanda*) que, na vigência da legislação anterior, tinha um caráter considerado como absoluto, sendo certo que referida imutabilidade dos efeitos contratuais pode ser relativizada pela chamada teoria da imprevisão (*rebus sic stantibus*) sempre que identificada a ocorrência de fatos extraordinários (imprevisíveis) e excepcionais que tornem excessivamente oneroso para o devedor o adimplemento do contrato, naquelas relações de trato sucessivo ou de execução diferida.

Dessa forma, verificamos que, de fato, as relações contratuais evoluíram, tornando cada vez mais complexas as suas estruturas, entretanto, sem que isso signifique a extinção dos contratos (assim entendidos como os instrumentos que refletem a autonomia privada e a vontade das partes), pelo contrário, os contratos tornaram-se cada dia mais indispensáveis, justamente para refletir a realidade fática e possibilitar a regulamentação pelas partes, ou pelo próprio Estado (até mesmo, do Poder Judiciário), sendo evidente que os contratos não sofrem ou sofreram qualquer tipo de declínio ou de "crise", ao contrário, houve um efetivo fortalecimento, acompanhando, justamente, essa evolução social e a complexidade econômica de suas relações.

# 2. Das Mudanças de Paradigma Protetivo do Direito Civil Brasileiro

A história do pensamento jurídico é marcada por inúmeras transformações de paradigmas dogmáticos. Assim ocorreu com a sucumbência do Estado Liberal burguês para o Estado Social, transformação essa que trouxe inúmeras mudanças do objeto protetivo do Direito[54].

O Estado Liberal, sinônimo de Estado Constitucional, trouxe inúmeras contribuições para o estudo e aplicação da eficácia das normas constitucionais, mas sua principal característica consistia na máxima garantia, por parte do Estado, em assegurar direitos de caráter individual, demonstrando a maior característica do Estado Liberal, a proteção da liberdade individual. Com isso, o papel do Estado era apenas o de garantir a segurança da coletividade e a proteção territorial[55].

Nessa perspectiva liberal, o fim último do Direito era assegurar a proteção da propriedade privada, assegurar a proteção dos bens privados, já que à época ainda reinava o mercantilismo[56], ou seja, o acúmulo de metais preciosos e a garantia da inviolabilidade da propriedade privada se demonstravam como maior objetivo protetivo do Direito.

[54] Abboud, Georges; Nery Júnior, Nelson. **Direito constitucional brasileiro**. São Paulo: Revistas dos Tribunais, 2016, p. 83.

[55] Bonavides, Paulo. **Curso de direito constitucional**. 33 ed. São Paulo: Editora Malheiros, 2018, p. 233.

[56] Sarmento, Daniel. **Direitos fundamentais e relações privadas**. 2. ed. Rio de janeiro: Lumen Juris, 2010, p. 12.

O surgimento do Estado Social Constitucional ocasionou um salto Copérnico na função do Estado à época, apta a mudar de forma abrupta o paradigma protetivo do Direito, já que, pela primeira vez na história do pensamento humano, a propriedade privada deixou de ser o principal paradigma protetivo do Direito privado dando lugar à máxima efetivação dos direitos sociais, novo paradigma inimaginável na vigência do Estado Liberal[57].

Nesse contexto começam as reflexões sobre os direitos fundamentais em relação à sua aplicação, constituição, limitação e prestação. Hoje é sabido que o estudo dos direitos fundamentais se tornou matéria obrigatória, já que se vive em uma sociedade de informação em que inúmeras situações cotidianas relacionadas às convivências sociais acabam causando novos conflitos de direitos que deverão ser solucionados pela dogmática jurídica[58].

Nesse sentido, é importante identificar o verdadeiro papel dos direitos fundamentais na realidade jurídica contemporânea. Com base na doutrina de Alexy[59], os direitos fundamentais não possuem apenas a mera função de proteger o indivíduo do Estado, mas seu papel é de exercer prestações que se subdividem em três competências: i) função de estruturação, ou seja, organização e procedimento que consiste em criar órgãos, instituições e procedimentos voltados à máxima efetivação dos direitos fundamentais; ii) função de prestação em sentido estrito, que impõe ao Estado o dever de ser o garantidor de demandas sociais, econômicas, culturais e políticas, caracterizando-se esta atuação por meio de mecanismos normativos positivos, contrariando a mera função de defesa exercida pelo Estado Liberal; iii) a função protetiva, que vincula o Estado a proteger os direitos fundamentais contra situações indevidas dos próprios particulares e contra a própria atuação estatal[60].

Os direitos fundamentais passam a ter uma maior carga protetiva nas ciências jurídicas, no pós-segunda guerra mundial, momento histórico que marca a mudança de paradigma protetivo do Direito, motivado

57 Abboud; Nery Júnior, op. cit., p. 132.

58 Bonavides, Paulo. **Curso de direito constitucional**. 33 ed. São Paulo: Editora Malheiros, 2018, p. 234.

59 Abboud; Nery Júnior, op. cit., p. 124.

60 Alexy, Robert. **Teoría de los derechos fundamentales**. Madrid: Centro de Estudios Políticos y Constitucionales, 2001, p. 430.

pelas atrocidades acontecidas naquele contexto histórico, fato emblemático que motivou inúmeras mudanças epistemológicas no Direito. Para o presente objetivo desta obra, é importante salientar que nesse contexto a propriedade privada e o modelo silogístico de aplicação da norma tornam-se modelos superados, passando os direitos fundamentais a ser o principal paradigma protetivo do Direito[61], movimento esse que influenciou inúmeras modificações de ordenamentos jurídicos no mundo, inclusive no Brasil.

É certo que o Direito não mais se sustenta de forma isolada, quando da análise de cada disciplina que compõe nosso ordenamento jurídico, sendo certo que a interdisciplinaridade é algo efetivo, tal como apresentado pela Teoria do Diálogo das Fontes, criada pelo alemão Erik Jaime e desenvolvida em nossa sistemática jurídica por Marques[62], especialmente quando analisada partindo da premissa constitucional, bem como diante de toda a normatividade infraconstitucional.

Tanto é que Franco[63] sustenta que o Código Civil de 2002 trouxe o que denomina de unificação formal do Direito obrigacional, isto é, no Direito Comercial deverão ser aplicados os mesmos princípios estabelecidos para os negócios no Direito Civil:

> O que ocorreu no direito comercial com relação aos princípios gerais, estabelecidos no direito civil, foi a adequação da especialidade jurídica à realidade econômica. Isto é, a sistematização da técnica jurídica para atender à circulação econômica. Isto é, a sistematização da técnica jurídica para atender à circulação e transformação de bens caracterizam esse segmento que, atualmente, denominamos de relações empresariais. Aqui a enfade foi dada, ademais das situações de monopólio à economia em escala, tendo em vista as necessidades decorrentes do consumo em massa, que determinam a criação de técnicas negociais ou de métodos econômicos com a consequente criação de novas concepções jurídicas. A especialidade do direito empresarial, portanto, decorre do elemento técnico, consubstanciado na operação econômica que é o substrato dos

[61] Negreiros, Teresa. **Teoria do contrato**: novos paradigmas. Rio de janeiro: Renovar, 2002.

[62] Marques, Cláudia Lima. Superação das antinomias pelo Diálogo das Fontes: o modelo brasileiro de coexistência entre o Código de Defesa do Consumidor e o Código Civil de 2002. **Revista da Escola Superior da Magistratura de Sergipe**, Aracaju, v. 7, p. 15-54, 2004.

[63] Franco, Vera Helena de Mello. **Contratos**: direito civil e empresarial. 4 ed. São Paulo: Revista dos Tribunais, 2013, p. 25-26.

> contratos empresariais, aliada à intermediação, transformação e criação para o mercado – isso, usualmente, mediante produção em massa. Mal não faz lembrar, outrossim, que até a noção de propriedade, no direito comercial, tem conotação diferente, posto não se confundir propriedade estática (de fruição) com a propriedade dinâmica dos bens de produção. Esta particularidade da técnica econômica, peculiar aos atos e contratos decorrentes da atividade empresarial, é o que justifica, independentemente da unificação formal, a existência dos contratos empresariais como uma realidade com características próprias que autorizam se distingam seus contratos daqueles civis. E esta realidade, representada pela particularidade técnica econômica que é o substrato dos contratos comerciais (atualmente empresariais), mantém-se incólume, independentemente do advento do CC/2002".

Continua Franco[64] informando que os contratos consumeristas, bem como os contratos de trabalho, deverão observar as regras gerais estabelecidas no Código Civil, no sentido de que:

> (...) é necessário não esquecer que há um tratamento diferente da relação contratual quando estabelecida entre empresários (contratos de empresa), daquela estabelecida entre o empresário e o consumidor. Ao elenco devem ser acrescidos os contratos de trabalho, realizados sob a égide dos acordos coletivos. Tem-se, assim, uma quádrupla disciplina para os contratos privados: aquela destinada a disciplinar os contratos civis; a que cuida das relações de consumo; finalmente, a particular dos contratos empresariais, que decorre da especificidade das relações de empresa, embora o Código Civil de 2002 não o distinga expressamente, e a dos contratos de trabalho.

Diante disso, é importante ser adotada como premissa que hoje o paradigma protetivo do Direito não se resume apenas à propriedade privada, mas ele abarca, em primeiro lugar, a máxima proteção aos direitos existenciais e, como tais, devem ser considerados como direitos irrenunciáveis, inalienáveis e intransmissíveis, surgindo aqui a primeira grande problemática enfrentada nesta obra: existe limitação na liberdade de contratar, haja vista que os direitos fundamentais surgem como objetos e garantias irrenunciáveis?

[64] FRANCO, op. cit., p. 27.

# 3. A Eficácia Vertical dos Direitos Fundamentais e sua Aplicação nas Relações Horizontais

Antes de adentrar à questão da aplicação e limitação dos direitos fundamentais nas relações horizontais, ou seja, nas relações entre particulares, deve ser estabelecida uma ideia de conceito sólido de direitos fundamentais para que, com isso, seja possível vislumbrar com mais precisão qual seria sua função dentro de um sistema jurídico.

No Estado Constitucional, os direitos fundamentais ganham considerável importância como matrizes a serem respeitadas, englobando todos aqueles direitos correlacionados diretamente à pessoa, aos direitos humanos universais e aos próprios direitos nacionais do cidadão[65], as duas classes de direitos ainda fazem parte integrante, em intensidades diferentes, da cultura epistemológica jurídica do Estado Democrático de Direito[66].

A superação dogmática trazida pelo pós-guerra impôs ao Estado Democrático[67] de Direito[68] a função não apenas da observância do prin-

[65] Bonavides, Paulo. **Curso de direito constitucional.** 33 ed. São Paulo: Editora Malheiros, 2018, p. 132.

[66] Abboud; Nery Júnior, op. cit., p. 135.

[67] O Estado nasceu no final do federalismo na Europa ocidental, assim como refere Chevallier. (Chevallier, op. cit., p. 24). É feita crítica por Morais de forma plenamente coerente, em relação a alguns autores que insistem em utilizar a ideia de Estado Moderno, o que é naturalmente tautológico, visto que só há Estado na modernidade, sendo as demais experiências apropriáveis. (Morais, op. cit., p. 23.)

[68] Essa referência se dá tanto no preâmbulo da Constituição Federal como também no artigo 1º. Assim, vejamos o preâmbulo: "Nós, representantes do povo brasileiro, reunidos

cípio da legalidade formal, ou seja, da subordinação dos poderes públicos às leis, mas igualmente impôs ao Estado a observância do princípio da legalidade substancial, impondo também a ele a função de vinculação dos três poderes (Executivo, Legislativo e Judiciário[69]) e a máxima efetivação dos direitos fundamentais[70].

Sobre o tema, Abboud ensina *ser* "(...) facilmente perceptível que os direitos fundamentais constituem primordialmente uma reserva de direitos que não pode ser atingida pelo Estado ou pelos próprios particulares"[71].

Diante disso, os direitos fundamentais, em especial na forma como tutelada pela Constituição Federal[72], asseguram ao cidadão uma gama de garantias essenciais para o convívio social, já que no primeiro

em Assembleia Nacional Constituinte para instituir um Estado Democrático, destinado a assegurar o exercício dos direitos sociais e individuais, a liberdade, a segurança, o bem-estar, o desenvolvimento, a igualdade e a justiça como valores supremos de uma sociedade fraterna, pluralista e sem preconceitos, fundada na harmonia social e comprometida, na ordem interna e internacional, com a solução pacífica das controvérsias, promulgamos, sob a proteção de Deus, a seguinte CONSTITUIÇÃO DA REPÚBLICA FEDERATIVA DO BRASIL". Também vejamos o art. 1º: "Art. 1º A República Federativa do Brasil, formada pela união indissolúvel dos Estados e Municípios e do Distrito Federal, constitui-se em Estado democrático de direito e tem como fundamentos (...)".

[69] Sobre o Poder Judiciário e sua autoridade, conferir GIRONS, A. Saint. **Manuel de droit constitutionnel**. Paris: L. Larose et Forgel Libraires-Editeurs, 1885, p. 512.

[70] ABBOUD; NERY JÚNIOR, op. cit., p. 139.

[71] *Ibidem*, p. 265.

[72] Miranda observa a Constituição a partir da ideia de que "na Constituição se plasma um determinado sistema de valores da vida pública, dos quais é depois indissociável. Um conjunto de princípios filosófico-jurídicos e filosófico-políticos vêm-na justificar e vêm-na criar" (MIRANDA, op. cit., p. 30). Pode-se compreender a Constituição a partir da economia, sociologia, filosofia, ciência política, história e ciência da linguagem, mas para este estudo, reconhecendo a importância das demais formas de observação, deve ser compreendida desde uma perspectiva jurídica. Nesse sentido, Clève refere, sob a perspectiva jurídica da Constituição, que "As Constituições, agora, são documentos normativos do Estado e da sociedade. A Constituição representa um momento de redefinição das relações políticas e sociais desenvolvidas no seio de determinada formação social. Ela não apenas regula o exercício do poder, transformando a potestas em auctoritas, mas também impõe diretrizes específicas para o Estado, apontando o vetor (sentido) de sua ação, bem como de sua interação com a sociedade. A Constituição opera força normativa, vinculando, sempre, positiva ou negativamente, os Poderes Públicos. Os cidadãos têm, hoje, acesso direto à normativa constitucional, inclusive para buscar proteção contra o arbítrio ou a omissão do Legislador.". (CLÈVE, op. cit., p. 22)

momento esses direitos limitam a atuação do Estado, bem como as próprias relações privadas, e garante uma série de prerrogativas que atestam diversas posições jurídicas postas aos cidadãos. Posto isso, não resta mais dúvida que o maior paradigma protetivo do Direito é, de fato, a dignidade da pessoa humana (art. 1º, III, da CF).

Certamente, o pós-guerra trouxe à tona a maior discussão tida no Constitucionalismo moderno[73], visualizada na necessidade de limitação da atuação do Estado e de suas arbitrariedades, apresentando a certeza de que a democracia não se resume na vontade da maioria, pelo contrário, sua máxima manifestação se perfaz pelo respeito aos direitos fundamentais da minoria[74], surgindo, no pós-positivismo, o debate da limitação da democracia e a observância do princípio da máxima efetivação dos direitos fundamentais[75].

É importante salientar que o pós-positivismo[76] não representa a visão ou a bandeira trazida pelo movimento neoconstitucionalista (assim

[73] Palu refere que "A Constituição deve ter preservada sua força ordenadora e deve ser efetivamente obedecida, gerando efeitos na realidade social (constituição normativa).". (PALU, Oswaldo Luiz. **Controle de constitucionalidade**: conceitos, sistemas e efeitos. 2. ed. São Paulo: Revista dos Tribunais, 2001, p. 56). Clève refere que "A supremacia constitucional deve vir acompanhada, também, de uma certa 'consciência constitucional' ou, como prefere Hesse, de uma 'vontade de constituição'. Ela reclama a defesa permanente da obra e dos valores adotados pelo Poder Constituinte. Afinal, sem 'consciência constitucional' ou sem 'vontade de constituição', nenhuma sociedade consegue realizar satisfatoriamente sua Constituição ou cumprir com seus valores." (CLÈVE, op. cit., p. 33-34). Ainda sobre essa supremacia pode-se conferir HESSE, Konrad. **A força normativa da Constituição.** Trad. Gilmar Ferreira Mendes. Porto Alegre: Fabris, 1991, p. 19.

[74] SANTOS, João Paulo Marques dos. Justiça Constitucional e a sua função contramajoritária: da limitação à sua legitimação. **Revista de Direito Constitucional e Internacional**, São Paulo, v. 116, p. 107-132, nov.-dez. 2019.

[75] THAMAY, Rennan Faria Krüger; ALVIM, Eduardo. **Processo Constitucional**. São Paulo: Revistas dos Tribunais, 2015, p. 152.

[76] Sabe-se que o Estado brasileiro sequer passou pelo estado social, assim como outros países, neste sentido, ver GARCÍA-PELAYO, Manuel. **As transformações do estado contemporâneo**. Trad. Agassiz Almeida Filho. Rio de Janeiro: Forense, 2009. Sobre a ideia de ser o nosso Estado pós-moderno, vejamos: CHEVALLIER, op. cit., p. 24 e ss; BAUMAN, Zygmunt. **O mal-estar da pós-modernidade**. Trad. Mauro Gama, Cláudia Martinelli Gama. Rio de Janeiro: Jorge Zahar, 1998, p. 7 e ss; JAYME, Erik. **Cours général de droit intenacional prive** (t. 251). Paris: Académie de droit intenacional, 1997, p. 36-37; LYOTARD, Jean-François. **O pós-moderno**. Rio de Janeiro: Olympio Editora, 1986; KUMAR, Krishan. **Da sociedade pós-industrial à pós-moderna**. Rio de Janeiro: Jorge Zahar Editor, 1997; HARVEY, David. **Condição pós-moderna**. São Paulo: Edições Loyola, 1992; VATTIMO, Gianni. **O Fim da**

entendido como uma ideologia ou metodologia constitucional), pelo contrário, na verdade o objetivo máximo do pós-positivismo (matriz jusfilosófica que sustenta as ideias neoconstitucionais) é assegurar à ciência jurídica uma maior solidez epistemológica, frente às experiências fracassadas do positivismo clássico[77].

Isto porque, neste período, a lei passa a ser reflexo máximo de soberania estatal, e popular, como bem fundamenta Mendes[78], justificando que a visão radical da soberania popular ganha espaço, sendo que a representação política, nesse contexto, "(...) tem como ponto de partida a teoria da soberania nacional e a soberania nacional conduz a um governo representativo"[79].

Assim, a titularidade do poder é retirada do Estado e passa a ser atribuída ao próprio povo, mas, certamente, para o seu exercício, como essência do sistema democrático, era necessária a delegação desse poder aos seus representantes, únicos legitimados para expressar tecnicamente a vontade popular, por intermédio da própria lei. Esse pensamento foi reproduzido no art. 6º da Declaração Francesa de 1789, dispondo que a lei "é a expressão da vontade geral". E continuava: "Todos os cidadãos têm o direito de concorrer, pessoalmente ou através dos seus representantes, para a sua formação".

Com a superação desse ideal imposto pela tirania ou arbitrariedade das leis, havia a necessidade de trazer novamente à tona alguns parâme-

**Modernidade: niilismo e hermenêutica na cultura pós-moderna.** Lisboa: Editorial Presença, 1987; SANTOS, Boaventura de Sousa. **Pela mão de Alice.** O social e o político na pós-modernidade. 7. ed. São Paulo: Cortez, 2000. Sobre a troca paradigmática da modernidade para a pós-modernidade, vale conferir KAUFMANN, Arthur. **La filosofía del derecho en la posmodernidad.** Trad. Luis Villar Borda. Santa Fe de Bogotá: Editorial Temis S.A., 1992, p. 5 e ss. Entretanto, vale referir que existe corrente, forte e respeitada, no sentido de que acabamos por vivenciar uma modernidade tardia, e não, efetivamente, a pós-modernidade, sendo, nesse sentido, STRECK, Lênio Luiz. **Hermenêutica jurídica e(em) crise**: uma exploração hermenêutica da construção do direito. 5. Ed. Porto Alegre: Livraria do Advogado, 2004, p. 25. Para outros autores, o que existe é uma hipermodernidade. Nesse viés, conferir LIPOVETSKY, Gilles. **Os tempos hipermodernos.** Trad. Mário Vilela. São Paulo: Barcarolla, 2004, p. 51 e ss.

[77] STRECK, Lênio. **Verdade e Consenso.** 6 ed. São Paulo: Saraiva, 2017, p. 45.

[78] MENDES, Gilmar Ferreira; COELHO, Inocêncio Mártires; BRANCO, Paulo Gustavo Gonet. **Curso de direito constitucional.** São Paulo: Saraiva, 2007, p. 176.

[79] CANOTILHO, José Joaquim Gomes. **Direito constitucional e teoria da constituição.** 7 ed. Coimbra: Almedina, 2007, p. 113.

tros de justiça ao Direito, surgindo um novo movimento que busca, justamente, aproximar moral de Direito[80], chamado de pós-positivismo.

Posto isso, as relações sociais são regidas por inúmeros princípios que permeiam a sistemática jurídica pátria. Para o presente estudo, houve por bem dar enfoque ao princípio constitucional da solidariedade diante da rotineira incidência nas relações privadas, bem como nas relações trabalhistas, envolvendo, certamente, a necessidade de contraposição da autonomia privada, derivada da manifestação da vontade dos envolvidos, com a necessária tutela do Estado, enquanto direito fundamental e direito social.

Como consequência disso, ganha maior relevo na doutrina a discussão a respeito da eficácia horizontal dos direitos fundamentais. Torna-se, assim, necessário abordar algumas teorias de suma importância que tratam sobre o tema, a saber: i) teoria da negação da eficácia dos direitos fundamentais nas relações privadas; ii) teoria da eficácia mediata ou indireta dos direitos fundamentais; iii) teoria dos deveres de proteção e teoria da eficácia imediata ou direta dos direitos fundamentais[81].

## 3.1 A teoria da negação da eficácia dos direitos fundamentais nas relações privadas

A tese da recusa de eficácia dos direitos fundamentais entre os particulares tem origem na Alemanha, após o surgimento da teoria da eficácia horizontal dos direitos fundamentais. Essa discussão tinha como fonte o ideal do liberalismo clássico, o qual afirmava que os direitos fundamentais eram oponíveis apenas em detrimento do Estado, ou seja, a sua eficácia era apenas no sentido vertical[82], nunca no horizontal, haja

[80] Losano, Mario G. Prefácio à edição brasileira. In: BOBBIO, Norberto. **Da estrutura à função: Novos estudos de teoria do direito**. Trad. Daniela Beccaccia Versani. São Paulo: Manoele, 2007, p. XXXV.

[81] Bizelli, Rafael Ferreira. Contratos existenciais: contextualização, conceito e interesse extrapatrimoniais. **Revista Brasileira de Direito Civil**, Rio de Janeiro, vol. 6, n. 4, p. 69-94, out.-dez. 2015, p. 9. Novais, Jorge Reis. **Direitos fundamentais nas relações entre particulares**: do dever de proteção à proibição do défice. Almedina: Coimbra, 2018, p. 60.

[82] Silva atribui essa discussão a um entendimento sobre contexto histórico, para tanto, assevera que "Segundo a doutrina majoritária, os direitos fundamentais surgem, historicamente, nas declarações de direito, com uma função bem definida: proteger os indivíduos contra violações por parte do Estado. Essa é a sua função essencial, que muitos costumam chamar de *clássica*. Chamar essa dimensão, corresponde às chamadas liberdades públicas, de

vista que o contexto histórico que pairava sob a Lei Fundamental alemã se deu no sentido de contenção do poder estatal, em razão da experiência nazista[83]. Porém, essa tese restou superada após as reiteradas decisões do Tribunal Constitucional Federal a partir da década de 50[84].

Apesar de o surgimento da tese ter ocorrido na Alemanha, é no direito americano onde ela teve maior aceitação, tanto pela doutrina quanto pela jurisprudência, segundo Sarmento "(...) a idéia de que os direitos fundamentais, previstos no *Bill of Rights* da Carta estadunidense, impõem limitações apenas para os Poderes Públicos e não atribuem aos particulares direitos frente a outros particulares com exceção apenas da 13ª Emenda, que proibiu a escravidão."[85].

Outra exceção é abordada por Reis, ao aludir sobre a *state action*, que é definida como sendo as "(...) acções privadas em que é possível reconhecer um nexo ou envolvimento estatais significativos que indiferenciam os dois planos de actuação, estadual e privado."[86]. Logo, quando uma ação violadora de um direito fundamental é produzida por um particular e que, de alguma forma, é semelhante à ação estatal, estar-se-á configurada uma *state action*, autorizando, portanto, a aplicação do direito fundamental entre os particulares[87].

Sarmento, após análise dessa tese, sustenta que ele não proporciona o adequado tratamento aos direitos fundamentais, pois, para além do Estado, os perigos também advêm das relações estabelecidas no âmbito privado. Nas suas palavras:

clássica, tem um objetivo que muitas vezes passa despercebido: com essa denominação se quer muitas vezes não somente ressaltar uma precedência histórica, mas também, e o que é mais importante, uma precedência no que diz respeito à importância. Aqueles autores que rejeitam qualquer efeito dos direitos fundamentais nos outros ramos do direito apenas radicalizam e absolutizam esse argumento, para sustentar que direitos fundamentais são, *única e exclusivamente*, direitos dos cidadãos contra o Estado. Assim sendo, não produzem eles efeitos nas relações dos particulares entre si.". (SILVA, Virgílio Afonso da. **A Constitucionalização do direito**: os direitos fundamentais nas relações entre particulares. São Paulo: Malheiros, 2014, p. 70-71.)

83 SARMENTO, op. cit., p. 226.

84 Ibidem, p. 227.

85 Ibidem, p. 228.

86 REIS, op. cit., p. 61-62.

87 Ibidem, p. 61.

> Enfim, parece-nos que a doutrina da *state action*, apesar dos erráticos temperamentos que a jurisprudência lhe introduziu, não proporciona um tratamento adequado aos direitos fundamentais, diante do fato de que os maiores perigos e ameaças a estes não provêm apenas do Estado, mas também de grupos, pessoas e organizações privadas. Ademais, ela não foi capaz de construir *standards* minimamente seguro e confiáveis na jurisdição constitucional norte-americana; Tal teoria está profundamente associada ao radical individualismo que caracteriza a Constituição e a cultura jurídica em geral dos Estados Unidos. Nesta questão, diversamente do que ocorreu em tantas outras, o direito constitucional norte-americano não se beneficiou dos sopros renovadores da jurisprudência e da doutrina, tão necessários para adaptar o bicentenário texto magno daquele país à necessidades de um mundo que é inteiramente diverso daquele em que viveram os *Founding Fathers*.[88]

Para Reis, é inaceitável essa teoria, pois o fato de a discussão sobre a eficácia perdurar por um longo período não é capaz de ofuscar a sua aplicação no plano concreto, uma vez que, durante esse mesmo período, outras teorias surgiram e, efetivamente, atribuíram a devida efetividade dos direitos fundamentais no que concerne, inclusive, às relações entre particulares. Observe a opinião do autor:

> Em primeiro lugar, parece razoável concluir que a recusa do reconhecimento de quaisquer efeitos que a consagração constitucional dos direitos fundamentais possa projectar sobre as relações entre particulares é inaceitável. Não parece razoável pretender que direitos considerados fundamentais pela Constituição possam permanecer ignorados qualquer que seja o domínio em que o respectivo programa normativo seja potencialmente aplicável. O simples facto da existência de uma discussão que se prolonga por mais de cinquenta anos não permitiria, de resto, outra conclusão: alguma eficácia terá de haver, pois não pode toda a gente ter andado a discutir sobre o vazio durante todo este tempo. A própria *state action*, que dá corpo à doutrina e a prática jurisprudencial norte-americanas sobre o problema, se bem que auto-assumida e muitas vezes apresentada como tese de recusa, na realidade não o é.[89]

[88] Sarmento, op. cit., p. 237.

[89] Reis, op. cit., p. 61.

De fato, não faz sentido realizar uma espécie de divisão dos direitos fundamentais para sustentar que eles possuem aplicabilidade apenas na relação para com o Estado, mas, com relação aos seus pares, não há aplicabilidade. A ideia por trás dessa aplicação está na normatividade da Constituição[90], ou ela possui normatividade e a sua aplicabilidade alcança a todos, ou ela não possui normatividade e não alcança a nenhuma pessoa. A Constituição, para a esmagadora maioria doutrinária, possui normatividade, além disso, goza de superioridade hierárquica e axiológica[91], suplantando todos os dispositivos contrários à sua cogência, logo, ainda que uma relação privada seja estabelecida a partir de um ordenamento estritamente privado, a normatividade constitucional exigirá que esse acordo esteja, ainda, de acordo com os seus valores, pois, se assim não o fizer, não faz sentido a supremacia constitucional.

Assim, essa tese da ineficácia dos direitos fundamentais entre os particulares, embora relevante para a compreensão do estado da arte e do contexto norte-americano, é fato que não encontra aplicabilidade no Brasil, tanto no âmbito da doutrina, quanto da jurisprudência.

## 3.2 A teoria da eficácia mediata ou indireta dos direitos fundamentais

Essa teoria também foi desenvolvida na Alemanha na década de 50, a qual acabou se tornando a concepção dominante no direito germânico[92] e posteriormente na maioria dos países[93]. Trata-se de uma tese intermediária, ou seja, encontra-se entre aquela que nega os direitos fundamentais e aquela que sustenta a incidência direta na seara privada[94]. Segundo Silva, é essa a tese que "(...) impede que os direitos fundamentais tenham um *efeito absoluto* nas relações privadas, o que significaria um total domínio do direito constitucional sobre o direito privado."[95].

[90] Hesse, Konrad. **A força normativa da Constituição**. Trad. Gilmar Ferreira Mendes. Porto Alegre: Fabris, 1991.

[91] Importante observar a discussão trazida por SILVA, Virgílio Afonso da. **A Constitucionalização do direito...**, op. cit., p. 71-73.

[92] Sarmento, op. cit., p. 238.

[93] Silva, op. cit., p. 81.

[94] Sarmento, op. cit., p. 238.

[95] Silva, op. cit., p. 75. Nesse sentido, Sarmento afirma que "A teoria da eficácia mediata nega a possibilidade de aplicação direta dos direitos fundamentais nas relações privadas porque, segundo seus adeptos, esta incidência acabaria exterminando a autonomia da vontade,

Mas a ideia por trás dessa tese era a de garantir que os direitos fundamentais nas relações contratuais poderiam ser relativizados, privilegiando a autonomia privada e a responsabilidade individual. Nesse sentido, situação distinta ocorria nas relações estabelecidas entre o indivíduo e o Estado[96], tendo em vista que "(...) certos atos, contrários aos direitos fundamentais, que seriam inválidos quando praticados pelo Estado, podem ser lícitos no âmbito do Direito Privado."[97].

Assim, a conciliação entre os direitos fundamentais e o direito privado ocorreria, segundo Silva:

> (...) por meio da produção indireta de efeitos dos primeiros no segundo, pressupõe a ligação de uma concepção de direitos fundamentais como um *sistema de valores* com a existência de *portas de entrada* desses valores no próprio direito privado, que seriam as *cláusulas gerais.*[98]

Todavia, é na ação concretizadora do Legislador Ordinário, onde a esfera de atuação dessa tese acaba por ser esvaziada; nesse sentido Reis:

> (...) a tese da eficácia mediata esgota praticamente os efeitos da aplicabilidade dos direitos fundamentais no domínio das relações entre particulares na prévia intervenção concretizadora do legislador ordinário (legislador civil, laboral, penal...) e na interpretação e na aplicação das correspondentes normas ordinárias em conformidade à Constituição e aos direitos fundamentais.
>
> Complementarmente, e na insuficiência dessa primeira instância, recorre a um preenchimento jusfundamentalmente orientado dos conceitos indeterminados a que o legislador recorreu e das cláusulas gerais típicas do direito civil (bons costumes, boa-fé, abuso do direito ordem pública), considerados, por excelência, como os verdadeiros *pontos de irrupção* (Dürig) dos direitos fundamentais no mundo das relações entre particulares. No fundo, seria através da aplicação das cláusulas gerais do direito civil, interpretadas e preenchidas substancialmente à luz do conteúdo constitucional dos direitos fundamentais, que o juiz da causa

e desfigurando o Direito Privado, ao convertê-lo numa mera concretização do Direito Constitucional.". (Op. Cit., p. 239.)

[96] Silva, p. 75-76.

[97] Sarmento, p. 238.

[98] Silva, p. 76.

> poderia complementar ou suprir a ausência de uma lei que não tivesse *traduzido* adequadamente a linguagem normativa dos direitos fundamentais para o direito privado.[99]

Embora essa tese tenha ganhado um reforço com a instituição de cláusulas gerais, preceitos indeterminados, Silva realiza algumas críticas, afirmando que:

> (...) é difícil imaginar que tais cláusulas sejam sempre suficientes para servir de 'porta de entrada' para os direitos fundamentais nas relações interprivados. O mais provável é que, para um grande número de situações em que seria desejável que os efeitos dos direitos fundamentais se fizessem presentes, não haverá uma dessas cláusulas para dar vazão a esses efeitos.[100]

Compreensível a crítica feita por Silva, pois traduz uma impossibilidade jurídica e material do alcance de proteção de determinadas cláusulas gerais, pois, se assim não ocorresse, teríamos a imprudente ideia de que a cláusula de boa-fé, por exemplo, serviria para fundamentar qualquer relação jurídica, quando, na verdade, não o é. Apesar disso, é fato que essa teoria encontra grande aceitação na maioria dos países.

## 3.3 A teoria da eficácia direta ou imediata dos direitos fundamentais

A tese da aplicação direta dos direitos fundamentais às relações privadas defende que a sua aplicação não depende de qualquer outro meio para que ela seja eficaz, ou seja, não depende da intervenção do Legislador Ordinário[101] por meio de cláusulas gerais ou preceitos indeterminados, pois a sua aplicação não é diferente do que ocorre na relação vertical estabelecida entre o Estado e os cidadãos.

Isso demonstra um grande avanço na teoria dos direitos fundamentais, porquanto supera aquela ideia liberal decorrente da noção de Constituição oitocentista, que trabalhava na proteção dos direitos

[99] REIS, op. cit., p. 65.

[100] SILVA, op. cit., p. 85.

[101] "A grande diferença entre o modelo de aplicabilidade direta e modelo de efeitos indiretos, visto anteriormente, consiste na desnecessidade de mediação legislativa para que os direitos fundamentais produzam efeitos nas relações entre particulares.". (SILVA, op. cit., p. 89.

fundamentais somente com relação ao Estado, ignorando as demais facetas da sociedade que, invariavelmente, eram agentes eventuais de violação desses direitos e garantias. Assim, "(...) se a Constituição garante os direitos fundamentais, então eles têm uma validade geral na ordem jurídica, vigorando e desenvolvendo a sua eficácia, indiferentemente, contra poderes públicos e contra entidades privadas"[102].

A consequência lógica desse pensamento se dá na transformação do Direito fundamental, enquanto elemento de defesa, em um dever ou proibição constitucional imposto a qualquer um, seja ele de natureza pública ou privada. De forma didática, Reis faz a seguinte explanação:

> (...) e essa é outra consequência dogmática da tese da aplicabilidade imediata, e também ela raramente assumida pelos seus defensores os direitos fundamentais sofrem, por essa via, uma transmutação notável e inovadora na história do constitucionalismo. De direitos dos particulares, os direitos fundamentais passam a ser igualmente deveres fundamentais, isto é, deveres impostos aos particulares e supostamente impostos directamente pela própria Constituição.[103]

Isso é decorrente da própria normatividade da Constituição[104], ao passo que se garantem direitos, são atribuídos deveres[105], uma espécie de equilíbrio em prol da regular manutenção dessa Carta Fundamental. Um exemplo pode esclarecer essa ideia.

Imagine que uma determinada pessoa possua um imóvel no centro de uma grande cidade, onde, em um determinado dia, percebe que esse imóvel foi invadido e existem várias casas no local. Visitando o seu imóvel, após vários anos sem ir ao local, percebe que os seus moradores possuem casas e exercem a moradia naquele local há vários anos. Após levantados todos esses dados, ele decide buscar a tutela do seu direito à

[102] Reis, op. cit., p. 63.

[103] Reis, op. cit., p. 64.

[104] Cf. Hesse, Konrad. **A força normativa da Constituição**. Trad. Gilmar Ferreira Mendes. Porto Alegre: Fabris, 1991.

[105] Por uma crítica em relação a este comportamento: Abboud, Georges. 25 anos da Constituição Federal: Parabéns à Geni. **Revista dos Tribunais**, São Paulo, v. 938/2013, p. 45, dez., mensal, 2013. Santos, João Paulo Marques; Brasil, Júlio César Mendes. Fazenda Pública e a revelia: Uma relação de incompatibilidade mitigada. **Revista de Processo**, vol. 276, p. 353-369. São Paulo: Revista dos Tribunais, fevereiro, 2018.

propriedade, devidamente protegido pela Constituição; no entanto, não deveria também, comprovar que a sua propriedade estava cumprindo a sua função social?

É comum ver as pessoas buscarem a tutela de seus direitos fundamentais, porém ignoram os seus deveres constitucionais. Uma espécie de discurso do conveniente — é muito mais fácil tutelar o que é benéfico, mas omito o que me prejudica —, a boa-fé e a probidade não fazem parte do dever constitucional, demonstrando um estado de incongruência em que vivemos no atual Estado Constitucional.

# 4. A Limitação da Autonomia Privada frente aos Direitos Fundamentais

De início é preciso refletir em termos conceituais o que seria autonomia privada. No princípio, sob o viés liberal, a autonomia da vontade representou o ápice do movimento liberal burguês nas revoluções que derrubaram a Monarquia Absolutista, nascendo, assim, o modelo constitucionalista. Fruto dos ensaios de erros e acertos de uma nova visão de manutenção de poder, controle e proteção, surgiu o que ficou conhecido na história do pensamento humano como Estado Liberal burguês.[106]

O conteúdo axiológico desse princípio é extremamente objetivado nas seguintes premissas: todos são iguais perante as leis, ou seja, todos possuem a liberdade de escolha, de modo que o *pacta sunt servanda* representa a vinculação obrigacional sobre o que foi acordado[107], em um contrato, tendo em vista que isso foi resultado da vontade de ambas as partes. Observa-se que, nesse contexto, os protagonistas nas relações privadas eram apenas as partes; não haveria a participação estatal nessa relação, representando, assim, o caráter absoluto da vontade privada.

Com o surgimento do Estado Social e principalmente com a consolidação do Estado Democrático de Direito, as relações privadas deixaram de ser protagonizadas apenas pelas partes que as compunham. Agora essa relação passa a ter o protagonismo do Estado; no entanto, esse pro-

[106] BIZELLI, op. cit., p. 13.

[107] PRATA, Ana. **A tutela constitucional da autonomia privada.** Coimbra: Almedina, 2014.

tagonismo estatal se revela no dever de assegurar que nenhum direito fundamental venha a ser violado nas relações privadas, ou seja, o Estado age como garantidor e assegurador de meios, para que o lado hipossuficiente da relação contratual não tenha nenhum direito fundamental seu inobservado, em conformidade com o que apregoa a teoria da eficácia imediata ou direta dos direitos fundamentais[108]. Trata-se do movimento denominado de *dirigismo contratual*, mitigando a autonomia da vontade.

Assim, frente a essas inúmeras mutações axiológicas sofridas, em decorrência da mudança do paradigma protetivo do Direito, busca-se assegurar a máxima efetivação de igualdade nas relações privadas, diante das interferências constitucionais. Com isso, seria possível aplicar verdadeiramente a igualdade material nas relações privadas, já que as interferências constitucionais passariam a ser obrigatórias diante desse novo paradigma jurídico. Dessa maneira, as partes estão obrigadas a observar os princípios constitucionais, como a igualdade material e a justiça social, princípio da solidariedade e da dignidade da pessoa humana, culminando, por conseguinte, com o surgimento da autonomia privada.

Posto isso, é necessário frisar que o atual conceito de autonomia privada não se desnatura, pelo contrário, ele se fortalece epistemologicamente à luz dos preceitos do Estado Democrático de Direito. De fato, cumpre analisar que as partes ainda possuem a liberdade de negociar, mas a distinção fundamental que se deve verificar é se essa liberdade fica subordinada aos mandamentos constitucionais. As partes que compõem o negócio jurídico devem, com a máxima atenção, verificar as limitações e determinações impostas pela lei, seja ela constitucional ou infraconstitucional. Isso proporciona uma maior efetivação de direitos fundamentais.

Nota-se que a essência clássica do princípio da autonomia da privada ainda prevalece, uma vez que os particulares podem criar normas jurídicas entre si, com o intuito de regular o objeto contratual firmado, ou seja, o *pacta sunt servanda.*

Diante disso, observa-se que a autonomia privada está limitada aos princípios constitucionais, em decorrência de diversas mutações axiológicas sofridas pelo Direito, conforme apresentado.

[108] NORONHA, Fernando. **O direito dos contratos e seus princípios fundamentais**: autonomia privada, boa-fé, justiça contratual. São Paulo: Saraiva, 1994, p. 111.

No entanto, ao fazer uma ponderação hermenêutica, observa-se que a autonomia privada, em sua essência, não prega a liberdade máxima, na negociação, uma vez que este princípio se encontra intimamente ligado ao princípio da boa-fé objetiva. Significa, pois, dizer que os princípios "limitadores" da autonomia privada são, na verdade, princípios que garantem a máxima efetividade da aplicação da autonomia da vontade, já que ele assegura aos atores do negócio jurídico direitos que permitem a garantia da isonomia material[109].

Grau[110] defende que o direito deve regular o modo de produção capitalista, e, para tanto, disserta acerca das quatro categorias da atividade estatal, a saber:

> A fim de constituir e preservar o modo de produção, certas premissas de existência contínua hão de ser realizadas (o Estado garante o sistema civil, com as instituições básicas da propriedade e da liberdade de contratar; protege o sistema de mercado contra efeitos secundários autodestrutíveis - jornada especial de trabalho, legislação antitruste, estabilização do sistema monetário etc.; assegura as premissas da produção dentro da economia global - tais como educação, transportes e comunicações; promove a capacidade da economia nacional para competir internacionalmente - política comercial e aduaneira, v.g. - e se reproduz mediante a conservação da integridade nacional, no exterior com meios militares, e no interior mediante a eliminação a eliminação paramilitar dos inimigos do sistema. (...) Para complementar o mercado, o sistema jurídico é adequado a novas formas de organização empresarial, de concorrência e de financiamento (por exemplo, através da criação de novas instituições de direito bancário e empresarial e da manipulação do sistema fiscal), sem, porém, conturbar a dinâmica do processo de acumulação. Tendo em vista a substituição do mercado, em reação frente à debilidade das forças motrizes econômicas, reativa a fluência do processo de acumulação, que já não resta, então abandonado à sua própria dinâmica, criando novas situações econômicas (seja proporcionando ou melhorando possibilidades de inversão – demanda esta-

[109] PACHECO, Keila Ferreira. **Abuso de direitos nas relações obrigacionais**. Belo Horizonte: Del Rey, 2006, p. 163-173.

[110] GRAU, Eros Roberto. **O direito posto e o direito pressuposto**. 8. ed. - São Paulo: Malheiros, 2012, p. 122-123.

> tal de bens de uso improdutivo –, seja através da criação de novas formas de produzir mais-valia – organização estatal do progresso técnico-científico, qualificação profissional dos trabalhadores etc.). aí a afetação do princípio de organização de sociedade, como demonstra o surgimento de um setor público estranho ao sistema. Finalmente, compensa disfunções do processo de acumulação, que se manifestam no seio de certas parcelas do capital e da classe operária ou de outros grupos organizados, produtoras de reações que se procuram impor pelas vias políticas (aí, o Estado, por um lado, assume efeitos externos da economia privada – v.g., danos ecológicos; assegura, através de políticas estruturais, a capacidade de sobrevivência de setores ameaçados – v.g., mineração e economia agrícola; de outro lado, implementa regulações e intervenções reclamadas pelos sindicatos e partidos reformistas, tendo em vista a melhoria da situação dos trabalhadores – os "gastos sociais" e o "consumo social").
>
> (...) a opção por um mercado livre, hoje, apenas não corresponde a uma aspiração de volta ao passado porque, em verdade, os mercados jamais funcionam livremente. A noção de mercado livre tem sentido única e exclusivamente enquanto expressiva de um tipo ideal. O entrelaçamento que une mercado capitalista e Estado é vigoroso, pois o Estado moderno, em última instância, é produzido pelo capitalismo.[111]

Diante desse contexto, pode-se extrair que o Direito caminha no sentido da personalização das ciências jurídicas, caminho natural, se for observado que ele mudou seu paradigma protetivo, isto é, a ciência jurídica não se limita apenas a garantir, assegurar e manter o patrimônio alheio, mas *prima facie*, deve assegurar e, se necessário, afastar as questões patrimoniais para maximizar a efetivação dos direitos existenciais, como o núcleo primário de toda a razão de ser do Estado Democrático de Direito.

[111] GRAU, op. cit., p. 127.

# PARTE II
# A Função Social do Contrato

# 5. A Construção Teórica da Função Social

A construção teórica da teleologia da norma está relacionada com alguns contextos históricos que merecem a atenção para compreender a função social do Direito e a sua aplicação hodiernamente.

Há muito, com a superação do constitucionalismo arcaico e iniciando o constitucionalismo moderno, em meio às Revoluções Francesa e Americana, vários movimentos surgiram em defesa da restrição do poder do Estado, em prol dos direitos fundamentais da liberdade.

Diferentemente do que acontecia nos Estados Unidos da América, a Europa era majoritariamente composta por Monarquias, onde os juízes eram, na verdade, *longa manus* dos Reis ou dos príncipes, o que causava na sociedade uma alta desconfiança com relação à classe dos magistrados[112].

A sociedade, durante esse período, depositava a sua confiança no Poder Legislativo, uma vez que o produto da atividade deles decorria da vontade geral, ou seja, a sociedade fazia parte da tomada de decisão no Estado, a partir dos seus representantes. Era latente a vigência do dogma da infalibilidade da lei, difundida por Rousseau, uma espécie de sacralização da lei[113]. Por essa razão, a Declaração de direitos do homem e do cidadão de 1789, no seu art. 6º, aduzia que "A lei é a expressão da

[112] Urbano, Maria Benedita. **Curso de justiça constitucional: evolução histórica e modelos do controlo da constitucionalidade.** 2 ed. Coimbra: Almedina, 2016, p. 65

[113] Favoreu, Louis. **As cortes constitucionais.** Tradução: Dunia Marinho Silva. São Paulo: Landy, 2004, p. 20; Urbano, op. cit., p. 66-67).

vontade geral." [114], para indicar o prestígio do Legislador em relação ao Judiciário[115].

Esse dogma era extremamente enraizado no seio da sociedade, pois, inclusive, foi um dos fatores que tardou a aceitação da noção de uma Constituição como sendo o ponto axiológico do ordenamento jurídico do Estado. O Código Napoleônico, por exemplo, gozava de extremo prestígio em detrimento de qualquer outra norma fundamental ao sistema jurídico.

Aliás, foi no Código Civil Napoleônico que os juízes mais uma vez sofreram um grande golpe, pois proibiu que os juízes recusassem um caso concreto sob o pretexto de silêncio, obscuridade ou insuficiência da lei, conforme o seu art. 4º, *in verbis*: "Le juge qui refusera de juger, sous prétexte du silence, de l'obscurité ou de l'insuffisance de la loi, pourra être poursuivi comme coupable de déni de justice." [116].

Esse artigo, além de vedar o juízo do *non liquet*, serviu de base para dois movimentos: o primeiro diz respeito à sacralização do dogma da onipotência do legislador, o qual, segundo Bobbio, trazia uma solução relacionada à vinculação do juiz ao próprio ordenamento jurídico. Nas palavras do autor:

> A solução adotada pelo positivismo jurídico em sentido estrito é a primeira: o dogma da onipotência do legislador, de fato, implica que o juiz deve sempre encontrar a resposta para todos os problemas jurídicos no interior da própria lei, visto que nela estão contidos aqueles princípios que, através da interpretação, permitem individualizar uma disciplina jurídica para cada caso. O dogma da onipotência do legislador implica,

[114] No original: "Art. 6. La Loi est l'expression de la volonté générale. Tous les Citoyens ont droit de concourir personnellement, ou par leurs Représentants, à sa formation. Elle doit être la même pour tous, soit qu'elle protège, soit qu'elle punisse. Tous les Citoyens étant égaux à ses yeux sont également admissibles à toutes dignités, places et emplois publics, selon leur capacité, et sans autre distinction que celle de leurs vertus et de leurs talents.".

[115] "En Europa, por el contrario, los jueces eran mal vistos, normalmente eran fieles y obsecuentes servidores del poder, y en muchos lugares, los cargos judiciales se compraban." BELAUNDE, Domingo García. De la jurisdicción constitucional al derecho procesal constitucional. **Anuário iberoamericano de justicia constitucional**: Centro de Estudios Políticos y Constitucionales, Madrid, n. 3, p. 121-156, 1999, p. 1999, p. 124.

[116] "Art. 4º O juiz que se recusa a julgar, sob pretexto de silêncio, obscuridade ou insuficiência da lei, pode ser processado como culpado de negação da justiça.". (Tradução livre)

portanto, num outro dogma estreitamente ligado ao primeiro, o da completitude do ordenamento jurídico.[117]

O segundo movimento foi a formação teórica da escola exegética, na França. Essa escola era constantemente acusada de possuir um fetichismo em relação à lei, além de buscar a resolução das questões jurídicas a partir da intenção do legislador[118]. A forte dependência legislativa era uma característica marcante dessa escola, e a literalidade era o marco característico dessa vertente.

Durante esse período revolucionário francês, porém, dessa vez na Alemanha, surgia uma figura extremamente importante para o desenvolvimento do Direito. Savigny, o maior expoente da escola histórica do Direito[119], é o primeiro autor a tentar criar uma metodologia do sistema jurídico[120], apesar de considerar extremamente complexo o estabelecimento de um padrão para organizar metodologicamente a ciência jurídica. Para tanto, aproxima o Direito da Filosofia, buscando em Kant inspiração teórica, descobrindo que, para desenvolver um sistema no Direito, o ponto de partida deveria ser a palavra, principal instrumento de trabalho da ciência jurídica.

Não qualquer palavra, mas aquela descrita na regra comum, desconsiderando, portanto, a teleologia da norma, uma vez que o fim ou a razão da norma não faz parte do conteúdo da norma[121]. As únicas formas de interpretação que são consideradas pela metodologia de Savigny são: a lógica, sistemática, histórica[122] e gramatical.

[117] Bobbio, Norberto. **O positivismo jurídico**: lições de filosofia do direito. Trad. Márcio Pugliesi, Edson Bini, Carlos E. Rodrigues. São Paulo, Ícone, 2006, p. 76.

[118] *Ibidem*, p. 77.

[119] *Ibidem*, p. 51-53.

[120] Segundo Larenz, inicialmente Savigny não usava o termo sistema para definir uma teoria dos sistemas, preferia utilizar o termo "filosófico" como um sinônimo de sistema. Larenz, Karl. **Metodologia da ciência do direito**. 3 ed. Trad. José Lamego. Lisboa: Fundação Calouste Gulbenkian, 1997, p. 10.

[121] Larenz, op. cit., p. 12.

[122] Bobbio alude que isso é fruto da escola histórica que possui um forte apego ao direito romano, nas suas palavras: "4) *Amor pelo passado.* Para os juristas partidários da Escola histórica este amor significou a tentativa de remontar além da 'recepção' do direito omano na Alemanha, para redescobrir, reavaliar e, possivelmente, reviver o antigo direito germânico (houve assim os 'germanistas", a saber, os estudiosos desse direito, em contraposição aos 'romanistas')." (Bobbio, Norberto. **O positivismo jurídico**: lições de filosofia do direito.

A interpretação teleológica, isto é, a interpretação finalística da norma surgiu com o pupilo de Savigny, Rudolf Von Jhering, o qual, no seu livro "A finalidade do direito", passou a estudar, dentre outros temas, a *lei da finalidade*[123], indicando que "(...) é a finalidade que contém a única causa psicológica da vontade."[124], e acrescenta "(...) é a representação de algo futuro que a vontade pretende realizar."[125].

Enquanto a finalidade está no plano futuro, a causalidade está no passado. Aquele é respondido com "para quê", este, por seu turno, com o "porquê"[126]. Von Jhering exemplifica essas condições da seguinte forma:

> A pedra não cai com a finalidade de cair, mas porque de, i.e., por lhe ter sido retirado o apoio; o homem, entretanto, que age, fá-lo não em razão de um "porquê", mas de um "para quê" - para desta forma, conseguir algo. Este "para quê" é para a vontade tão indispensável quanto o "porquê", para a pedra; assim como o movimento da pedra é impossível sem causa, tampouco é possível o movimento da vontade sem finalidade.[127]

Transmutando essa finalidade para a seara legislativa, verifica-se que toda ação legislativa, cujo objetivo é confirmado a partir de uma lei, possui uma finalidade. Não se está aqui buscando os sentimentos do legislador, mas a finalidade da norma.

A formação de uma norma precede uma necessidade social, a qual pode ser considerada como a causa da propositura de projetos legisla-

Trad. Márcio Pugliesi, Edson Bini, Carlos E. Rodrigues. São Paulo, Ícone, 2006, p. 52). Larenz, de forma resumida, afirma que: "(...) desde o começo é característica de SAVIGNY a exigência de uma combinação dos métodos histórico e sistemático, referindo-se aquele à formação de cada lei dentro de uma certa situação histórica e propondo-se este compreender a totalidade das normas e dos institutos jurídicos subjacentes como um todo englobante.". (LARENZ, op. cit., p. 18.)

123 "A satisfação que acena ao sujeito com o seu ato de querer, é a finalidade de sua volição. A própria ação jamais é fim, mas apenas meio para a consecução de um fim. Quem bebe quer, é claro, beber, mas o faz tão-somente em virtude do resultado deste ato. Com outras palavras, em toda ação colimamos não a própria ação, mas somente seu efeito sobre nós. Isto quer dizer. Em outros termos: ao agirmos, fazemo-lo atendendo a uma finalidade." (VON JHERING, Rudolf. **A finalidade do direito**. T. I. Campinas: Bookseller, 2002, p. 20-21.)

124 *Ibidem*, p. 15.

125 *Ibidem*, p. 19.

126 *Ibidem*, p. 16.

127 *Ibidem*, p. 15.

tivos; por outro lado, a consecução do ato legislativo, indica uma finalidade, o que se pretende alcançar com aquela lei. Um exemplo dado por Jhering diz respeito ao devedor que salda a sua dívida. O pagamento da dívida é um dever, uma regra exprimida em uma lei. O pagamento da dívida não é a finalidade da ação de saldar, a qual se refere a um ato passado, ou seja, a uma causa, mas em razão de um ato futuro, isto é, para manutenção da honradez do seu nome, não pôr em risco o seu crédito ou, até mesmo, para não responder um processo[128].

A finalidade da norma nesse caso, todavia, é distinta da finalidade exprimida pelo agente que participa da formação da relação jurídica, ou seja, embora legítimas ambas as finalidades, entre elas não há confusão em razão das características bem definidas de cada uma. A finalidade que é exprimida da lei, no caso do exemplo acima, é a de proporcionar a garantia e contragarantia em relação aos agentes que participam dessa relação. Em outras palavras, ao passo que acena ao credor que o Estado está à sua disposição para fazer com que o devedor satisfaça o seu crédito, esse mesmo Estado também garante a este que reprimirá quaisquer abusos praticados por aquele.

Todavia, o autor não contava que a lei, no futuro, seria usada de forma abusiva para a prática de atos atentatórios à humanidade, uma vez que a lei passou a ter uma finalidade em si mesma. Com o evento da Segunda Guerra Mundial, esse abuso ficou claro; o declínio do positivismo jurídico, portanto, foi um movimento natural à época, "(...) pois restou comprovado que a legalidade absoluta é algo a ser temida, em especial quando passa a considerar o ser humano como objeto e não o fim do direito"[129]. Santos e Brasil acrescentam que: "A partir desse paradigma é possível, num primeiro momento, observar que o direito além de privilegiar a pacificação social tem o fim de regular a sociedade em prol do ser humano, sendo este o verdadeiro destinatário das normas."[130]. A norma

[128] Von Jhering, op. cit., p. 24.

[129] Santos, João Paulo Marques dos; Brasil, Júlio César Mendes. A limitação do poder de polícia pela função social: uma análise a partir do Recurso Especial n. 1.217.234-PB. **Revista de Direito Administrativo e Infraestrutura**, n. 11, a. 3, p. 63-87. São Paulo: Revista dos Tribunais, out.-dez. 2019, p. 71.

[130] Santos, João Paulo Marques dos; Brasil, Júlio César Mendes. A limitação do poder de polícia pela função social: uma análise a partir do Recurso Especial n. 1.217.234-PB. **Revista de Direito Administrativo e Infraestrutura**, n. 11, a. 3, p. 63-87. São Paulo: Revista dos Tribunais, out.-dez. 2019, p. 71.

parte do ser humano para o ser humano. A finalidade última de uma lei sempre será em prol do ser humano ou da coletividade.

A função social, desta feita, é espécie do gênero função e busca garantir que determinados direitos tenham uma função que garanta benefícios ou resguarde direitos que são de cunho coletivo, sobretudo aqueles considerados fundamentais pela Constituição do Estado.

A Constituição brasileira de 1988, no que lhe concerne, expressamente atribuiu função social ao direito fundamental à propriedade, à empresa pública, à sociedade de economia mista e às suas subsidiárias, conforme se percebe das 7 (sete) vezes que ela utiliza esse termo[131]. As demais formas de atribuição decorreram de construção teórica, jurisprudencial e até mesmo legislativa.

No que concerne à seara dos contratos, não há previsão expressa na Constituição acerca da sua função social, porém, em vista dos diversos movimentos teóricos, como: a constitucionalização do Direito Civil, a eficácia horizontal dos direitos fundamentais, a superação da individualidade em prol do princípio da sociabilidade do Código Civil é que evidencia a função social dos contratos. Porém, essa discussão será feita mais adiante em tópico próprio.

[131] Art. 5º, XXIII, Art. 170, III, Art. 173, I, Art. 182, §2º, Art. 184, *caput*, Art. 185, Parágrafo Único, Art. 186, todos da Constituição Federal de 1988.

# 6. O Contrato e a sua Função Social

## 6.1 Contratos: noções gerais e introdutórias

Certamente, quando falamos em contrato, deparamo-nos com o instituto mais relevante de todo o ordenamento jurídico civilista, sendo o caminho "seguro" para a resolução de negociações que são efetivadas entre sujeitos dos mais variados possíveis, ainda mais quando estivermos diante de relações complexas privatistas.

Esse instituto é, sem dúvida, a peça mais relevante às engrenagens socioeconômicas do mundo moderno, especialmente quanto à velocidade na troca e no acesso às informações, necessitando de relações cada vez mais dinâmicas, fazendo a riqueza circular e atingir indistintamente a todos, independentemente de localidade e de nacionalidade.

Desde a época em que o homem[132] poderia ser considerado um bárbaro, quando as problemáticas eram resolvidas pela força, já havia "negociações", por mais que não regradas, formalmente falando. O contrato foi sendo implantado após o abandono da fase humana de barbárie, sendo instrumento eficaz para circular a tão pretendida riqueza.

Com isso o homem abandonou a ideia de violência para negociar, passando a se utilizar de um instrumento mais seguro e humanizado para tutelar tais relações, tendo no contrato a forma mais pacífica de

[132] Sobre a ideia de origem dos fundamentos dos direitos dos homens, observar Bobbio, Norberto. **A era dos direitos**. Trad. Carlos Nelson Coutinho. Rio de Janeiro: Elsevier, 2004, p. 35-44.

se obter as negociações diretas com outros seres humanos de locais e etnias distintas.

Esse foi o primeiro passo para que a sociedade largasse o ideal da força física para a solução de questões, passando a utilizar, e muito, da força intelectual, que efetivamente era mais eficaz para resolver os problemas negociais.

E este instituto resistiu bravamente ao delongado transcurso do tempo[133], chegando até os nossos dias, sendo plena influência em nosso modo de negociar e viver.

Tudo isso pelo fato de os contratos dinamizarem a circulação de bens e riqueza em uma determinada sociedade, sem limites de localidade ou de nacionalidades, em um mundo cada vez mais globalizado, mundialmente falando. Essa característica faz do contrato um instituto deveras importante, sendo, por consectário, muito estudado e, até mesmo, questionado, gerando o maior meio de construção e geração de riqueza, bem como da própria sociedade.

Em uma sociedade neoliberal, o contrato se fortalece e se torna forma de "garantia de um negócio jurídico eficaz", pelo menos formalmente falando, ou seja, no mundo da abstração jurídica, por vezes ignorando a própria realidade fenomênica que se demonstra, em muitos casos, relativamente diferente da realidade jurídica.

O contrato tem esta função relevantíssima, que muito nos serve, de transformar a intenção de negociar em negócio, em um primeiro momento formal, mas, em um segundo momento, real, dependendo do *animus* dos negociantes, que poderá propiciar a resolução prática das disposições formais de um contrato. Essa base formalista, que é valorativa, faz-se extremamente necessária e útil para que o contrato cumpra o seu fim, qual seja o entrelaçamento dos contratantes de forma aparentemente segura, possibilitando a legítima circulação de riquezas, bem como a tão buscada segurança e garantia das relações privatistas.

133 Wald refere que "poucos institutos sobreviveriam por tanto tempo e se desenvolveram sob formas tão diversas quanto o contrato, a sociedade que se adaptou com estruturas e escala de valores tão distintas quanto às que existiam na antiguidade, na idade média, no mundo capitalista e no próprio regime comunista" (WALD, Arnoldo. O contrato: passado, presente e futuro. *In*: **Revista da Associação dos Magistrados Brasileiros**, Cidadania e Justiça, O Direito no Século XXI, ano 4, n. 8, 1ºsem. 2000, p. 43.).

### 6.1.1 As fontes de obrigações

No direito romano foi atribuída a Gaio a catalogação das modalidades de fontes de obrigações, dentre as quais encontramos os contratos. *Fontes de obrigações* são os fatos ou causas que dão origem a determinadas obrigações.

Neste âmbito, as fontes de obrigações normalmente citadas pela doutrina são: os contratos, derivados das declarações bilaterais de vontade; os atos ilícitos; a lei; os títulos de crédito e as declarações unilaterais de vontade[134]. Importante verificar que a ideia da lei como fonte de obrigações vem trazida, por sua vez, nas palavras de Rizzardo, que inclui em sua fonte de obrigações a própria lei[135].

Essas fontes de obrigações são as formas de se originar uma obrigação, que pode tanto decorrer de um ato ilícito que gerou dano a alguém (v.g., arts. 186 e 187 do Código Civil), que por essa motivação deverá ser ressarcido de seu dano pela parte lesadora, como por disposição contratual.

Pelos atos unilaterais de vontade, podemos também constituir obrigações, quando uma das partes, por único ato, cria obrigações jurídicas para outras pessoas, tais como a promessa de recompensa, a gestão de negócios, o pagamento indevido e o enriquecimento sem causa.

Por seu turno, temos os títulos de crédito como efetivas fontes de obrigações, consistindo na origem de uma relação de crédito e débito, estampada em uma titularidade de valores com base na cartularidade, ou seja, em um título representativo da obrigação, tal como ocorre com o cheque, com a duplicata, com a nota promissória, dentre outras.

E, por fim, pelos contratos, envolvendo a manifestação bilateral de vontade, por ser a maneira mais eficaz de efetivamente unir vontades no sentido de negociar bens ou serviços, de circular riquezas e conferir não apenas à sociedade uma maior qualidade de vida, gerando dignidade e mantendo a ideia de democracia[136], como também fortalecendo a economia e livre iniciativa.

134 Neste sentido observar NADER, Paulo. **Curso de direito civil**: contratos (v. 3). 3. ed. Rio de Janeiro: Forense, 2008, p. 05.

135 RIZZARDO, Arnaldo. **Contratos**, 4. ed. Rio de Janeiro: Forense, 2005, p. 2.

136 Para bem compreender a ideia de democracia, deve-se observar as alusões feitas por Boaventura de Sousa Santos, quando afirma que, para que exista efetivamente democracia em nosso País, devemos buscar uma mudança severa de muitas coisas. SANTOS, Boaventura de Sousa. **Para uma revolução democrática da justiça**. 2 ed. São Paulo: Cortez, 2008, p. 32.

As obrigações, portanto, são capazes de ofertar a todos a possibilidade de transformar suas intenções negociais em realidade, de forma ordenada, propiciando maior efetividade, pois possibilita ao credor que não tenha recebido o que lhe era devido, a busca do adimplemento, seja da forma passiva como de maneira forçada, sempre lembrando que até mesmo essa modalidade, em regra, não utiliza a força física, mas, sim, a força exercida pelo próprio Estado, que se coloca na posição do devedor para entregar ao credor aquilo que lhe é devido.

Pode-se definir obrigação *stricto sensu* como um vínculo jurídico que submete alguém à realização da prestação (dar, fazer, não fazer), que, nas lições de Pontes de Miranda, a expressão "obrigação" deve ser empregada como a relação jurídica entre duas ou mais pessoas que decorre a uma delas (devedor) poder ser exigida, pela outra parte (credor), prestação; do lado do devedor, haveria a obrigação (dívida) e do credor, a pretensão[137]. Nas palavras de Fernández, "La obligación es, según definición corriente, un vínculo jurídico en virtud del cual una persona determinada debe realizar una prestación en provecho de otra"[138].

Por essa razão que o Direito obrigacional, gênero do qual o contrato é espécie, é tão relevante em tempos pretéritos, quanto hoje, em nossa sociedade pós-moderna[139] que evolui muito e ainda tem muito a continuar progredindo.

[137] PONTES DE MIRANDA, Francisco C. **Comentários ao Código de Processo Civil**. t. XXII, §2679, 1996, p. 12.

[138] FERNÁNDEZ, Guillermo Ospina. **Régimen general de las obligaciones**. 8 ed. Bogotá: Temis, 2005, p. 20-23. O autor refere que as obrigações podem ser elencadas como civis, ou ainda, naturais, distinguindo bem a ideia de cada uma, sendo estas decorrentes da convivência humana não regrada, e aquela, decorrente das normas jurídicas civis que regulam as modalidades de obrigações.

[139] Sobre essa ideia de pós-modernidade, observar as obras: MARQUES, Claudia Lima. **Contratos no código de defesa do consumidor**: o novo regime das relações contratuais. 4 ed. São Paulo, Revista dos Tribunais, 2002, p. 155-175. LYOTARD, op. cit. KUMAR, op. cit. HARVEY, op. cit. DELACAMPAGNE, C. **História da Filosofia no Século XX**. Rio de Janeiro: Jorge Zahar Editor, 1995. VATTIMO, op. cit. FEATHERSTONE. **Cultura de consumo e Pós-modernismo.** São Paulo: Studio Nobel, SESC, 1995. CAMPBELL, C. **The Romantic Ethic and the Spirit of Modern Consumerism.** Oxford: Blackwell, 1987. SANTOS, Boaventura de Sousa. **Pela mão de Alice**. O social e o político na pós-modernidade. 7. ed. São Paulo: Cortez, 2000. BAUMAN, Zygmunt. **Modernidade e Ambivalência**. Rio de Janeiro: Jorge Zahar Editor, 1999. ROUANET, S. P. **As razões do iluminismo**, São Paulo: Companhia das Letras, 1987.

Os atos humanos podem ser jurídicos ou não-jurídicos. Serão atos jurídicos aqueles que forem praticados e em sua prática esteja prevista normativamente falando, ou seja, prevista na lei. Por sua vez, os atos que se derem no mundo fenomênico e que não forem previstos na norma são atos naturais e não atos jurídicos, o que muda e muito uma determinada situação.

Sobre negócio jurídico, vejamos as ponderações feitas por Kelsen, o qual alude que "na linguagem tradicional a palavra 'negócio jurídico' é usada tanto para significar o ato produtor da norma como ainda a norma produzida pelo ato. O negócio jurídico típico é o contrato."[140].

Essa ideia foi o início para compreendermos a realidade dos negócios jurídicos atualmente[141], pois, diferentemente do que defende Kelsen, Gomes, quando analisa essa questão em relação à corrente voluntarista, define que "O negócio jurídico é a mencionada declaração de vontade dirigida à provocação de determinados efeitos jurídicos, ou, não definição do Código da Saxônia, a ação de vontade, que se dirige, de acordo com a lei, a constituir, modificar ou extinguir uma relação jurídica."[142].

Os negócios jurídicos são, como se aduz, as manifestações de vontades, que em conluio poderão transformar-se em contratos, pois este é a formalização daquele.

Isso tudo é importante, pois o negócio que atribui direitos e obrigações a cada um dos contratantes, que devem cumprir a sua parte na idealização da negociação para que se possa pensar em negócio jurídico eficiente, é capaz de, por meio da negociação, fazer circular bens e riqueza.

[140] Kelsen, Hans. **Teoria pura do direito**. Trad. João Batista Machado. 4 ed. São Paulo: Martins Fontes, 1994, p. 284.

[141] Silva, Clóvis Veríssimo do Couto e. O princípio da boa-fé no direito brasileiro e português, In: **Estudos de Direito Civil brasileiro e português**. São Paulo: RT, 1980, p. 43 e ss. Ademais, veja-se a importante lição trazida pelo douto jurista, quando destaca a análise do negócio jurídico, in: Silva, Clóvis Veríssimo do Couto e. **A Obrigação como Processo**. Rio de Janeiro: José Bushatsky, 1976, p. 134 e 135.

[142] Gomes, Orlando. **Introdução ao direito civil**. 10. ed. Rio de Janeiro: Forense, 1993, p. 280; Rizzardo, op. cit., p. 03. Nesse sentido, também, Pereira os negócios jurídicos são "(...) declarações de vontade destinadas à produção de efeitos jurídicos queridos pelo agente. (...) "O fundamento e os efeitos do negócio jurídico assentam, então, na vontade, não uma vontade qualquer, mas aquela que atua em conformidade com os preceitos ditados pela ordem legal". (Pereira, Caio Mário da Silva. **Instituições de direito civil**: dos contratos. V. 3. Rio de Janeiro: Forense, 2004, p. 303)

Assim, podemos chegar à ideia de contratos, que formalizam as obrigações assumidas por cada uma das partes, visando a dotar de maior seguridade a relação negocial. Sabemos que o negócio jurídico, em simples palavras, nada mais é do que um mero negócio ou negociação realizada, que encontra seus ditames na lei; é a negociação embasada na normatividade[143].

A ideia sintética de tudo isso é que o negócio jurídico é a forma de se negociar, obedecendo às normas, isto é, negociar com base nas manifestações de vontades, que em seguida serão convertidas em contratos que formalmente se encarregariam de eternizar todas as informações da contratação.

### 6.2.1 O conceito de contrato

A palavra conceito veio dos gregos, que atribuíam ideias a coisas. Por tudo isso é muito trabalhoso conceituar, sendo, no entanto, muito útil e facilitador, por se conseguir dar mais precisão aos institutos analisados.

O Direito[144] existe desde a época antiga, quando o ser vivente ainda buscava entender como melhor conviver em sociedade[145], o que era e é, ainda hoje, extremamente necessário.

A distinção existente entre o Direito público e o privado foi relevante em seu período, hoje passa por diversas peculiaridades, seja pela

[143] KELSEN, Hans. **Teoria pura do direito**. Trad. João Batista Machado. 4 ed. São Paulo: Martins Fontes, 1994, p. 46-55. Neste peculiar o autor distingue as ordens dos salteadores das dos demais sujeitos, pois a dos salteadores, no exemplo usado pelo autor, é ausente de normatividade que é encontrada já nas ações das demais pessoas.

[144] A noção de Direito para alguns autores é distinta da obtida por Hans Kelsen, pois este endente que o Direito se delimita somente à lei; para este autor a lei é o Direito. De outro lado, temos encontrado posições distintas, diga-se, a de Streck, entendendo que o Direito não se limita à lei, mas, sim, decorrente da hermenêutica e que se serve à transformação da realidade. STRECK, Lênio. **Verdade e Consenso**. 6 ed. São Paulo: Saraiva, 2017, p. 07.

[145] É brilhante a lição trazida por Bobbio quando trata da relação existente entre os direitos do homem e a sociedade. BOBBIO, Norberto. **A era dos direitos**. Trad. Carlos Nelson Coutinho. Rio de Janeiro: Elsevier, 2004, p. 82-83.

aparente "mistura" do Direito privado[146] com o público[147], sendo este, geralmente, mais valorizado pelo Estado[148] do que aquele.

Para Nader, o conceito de contrato comporta três sentidos:

> O conceito de contrato comporta, juridicamente, três sentidos: a) em sua alusão mais ampla, quer dizer acordo de vontades para a produção de efeitos jurídicos; b) em menos ampla, é: acordo de vontades para a obtenção de efeitos de natureza econômica; c) em sentido mais restrito: reunião de vontades, que objetiva efeitos jurídicos na área do Direito das Obrigações. No contrato, as partes, duas ou mais, participam de uma relação de coordenação, sem que uma possa impor a sua vontade. Para que o poder público dela possa participar precisa estar despojado de seu *imperium*, figurando em um dos polos em igualdade de condições.[149]

Por seu turno, Coelho conceitua o contrato como sendo:

> (...) o negócio jurídico bilateral ou plurilateral gerador de obrigações para uma ou todas as partes, às quais correspondem direitos titulados por elas ou por terceiros. Ele é necessariamente negócio jurídico integrado por duas ou mais partes. Os negócios jurídicos unilaterais, como a promessa de recompensa ou a gestão de negócios, não são contratos. Não se deve confundir, entretanto, a quantidade de partes do negócio jurídico com a de contratantes obrigados pelo contrato. Quando apenas uma das partes da relação contratual se obriga, como na doação pura, comodato, venda em consignação ou mútuo, o contrato é unilateral, embora continue sendo negócio jurídico bilateral.[150]

Nessa esteira de desenvolvimento, o ser humano necessitou, por sua origem, de regramentos que, na época, foram efetivados e, aos poucos, determinaram toda a situação.

[146] Foi criado pelos romanos, sendo, efetivamente redescoberto ou reinventado, neste sentido Lopes, José Reinaldo de Lima. **O direito na história**: lições introdutórias, 3. ed., São Paulo: Atlas, 2008, p. 46.

[147] Foi criado pelos gregos, a partir da ideia de polis gregas, Idem., p. 18-23.

[148] Observando a forma de pensar o Estado, vemos a lição de Bourdieu, Pierre. **Razões práticas**: sobre a teoria da ação. Trad. Mariza Corrêa. Caminhas: Papirus, 1996, p. 91.

[149] Nader, op. cit., p. 62.

[150] Coelho, Fábio Ulhôa. **Curso de direito civil:** contratos. Vol. 3. 5 ed. São Paulo: Saraiva, 2012, p. 62.

Com a severa necessidade de organizar a vida em sociedade, foi que os seres humanos pensaram, realmente, em elaborar acordos, que realizavam seus negócios, sendo consequência dessa criação aquilo que, hodiernamente, intitulamos de contrato.

Os contratos[151], como instituto, são muito importantes para a manutenção da sociedade em que vivemos, por ser a forma de realização, *a priori*, dos negócios jurídicos. Estes por sua vez, concretizam as vontades manifestadas pelos seres humanos, que necessitam, efetivamente, de bens e serviços para darem seguimento de forma digna à sua vida.

A realização dos negócios jurídicos é extremamente necessária em nossa sociedade, para que se concretize a vontade realmente esperada por cada um dos contratantes[152], que necessitam contratar, havendo, desta forma, circulação de riqueza.

Nas palavras do saudoso jurista Reale, abstrai-se a ideia do que seja o negócio jurídico, "felizmente, têm-se desenvolvido, paralelamente, as formas de relações obrigacionais de tipo negocial, mais sucintamente denominadas *negócios jurídicos*, nos quais a relação resulta diretamente da vontade manifestada ou exteriorizada na forma da lei, sendo inseparável da vontade declarada[153]".

Essa menção feita pelo jurista nos faz pensar e entender que o contrato, em princípio, deriva da manifestação de vontade das partes, que pretendem negociar algo, sejam bens ou serviços. Essa negociação jurídica se dá em grande parte, ressalvados os casos dos negócios realizados de outras formas, por meio dos contratos[154] existentes em nosso ordenamento jurídico[155].

[151] Deve-se observar a bela pesquisa feita pela douta jurista Marques, referindo a lição de Friedrich Karl von Savigny, sendo o contrato a união de mais de um indivíduo para uma declaração de vontade em consenso, por meio da qual se define a relação jurídica entre estes (MARQUES, Claudia Lima. **Contratos no código de defesa do consumidor**: o novo regime das relações contratuais. 4 ed. São Paulo, Revista dos Tribunais, 2002, p. 41)

[152] Essa ideia de concretização das vontades está intimamente ligada com a ideia originária dos contratos, que foi bem elencada pelo jurista Demogue, *in verbis*: "Celles-ci présentent une importance pratique spéciale parce que les hommes étant forcés de vicre en commun et ne pouvant se passer de leur aide mutuelle, il faut bien qu'il s'accordent". (DEMOGUE, René. **Traité des obligations en general**. V. II, Tomo I. Paris: Librarie Arthur Rousseal, 1923, p. 65.)

[153] REALE, Miguel. **Lições preliminares de direito**. 22. ed. São Paulo: Saraiva, 1995, p. 219-220.

[154] Neste sentido deve ser observado o Código Civil Brasileiro, que elenca as diversas modalidades de contrato, dispostos do art. 481 ao art. 853.

A principal motivação dos contratos é bem esposada nas palavras do jurista F. Laurent: "*L'object des conventions est donc de procurer aux hommes les choses matérielles qui leur sont nécessaries pour vivre.*"[156]

Colocar o ser humano frente às condições negociais necessárias à manutenção de sua existência na terra é o grande objetivo do contrato, que é, não uma obrigação, mais, sim, uma fonte de obrigação[157].

Tudo isso motiva a criação do que, hoje, chamamos contrato, sendo este um veículo condutor das negociações, que fazem com que o mundo tenha a progressão que teve até o presente momento.

Para conceituarmos esse instituto jurídico instrumental, devemos passar pelas palavras de Hans Kelsen, que, a seu tempo, sabiamente, já conceituava o contrato com a devida propriedade, "o fato contratual consiste nas declarações de vontade concordantes de dois ou vários indivíduos, as quais vão dirigidas a uma determinada conduta destes. A ordem jurídica pode prescrever uma determinada forma – embora não tenha necessariamente de o fazer – que estas declarações devem revestir para representar um contrato juridicamente vinculante, quer dizer: para produzirem normas que impõem deveres e conferem direitos aos indivíduos contratantes – prescrevendo, v. g., que as declarações devem ser realizadas por escrito e não simplesmente por via oral ou através de gestos[158]".

Essa união de vontades é que motiva a negociação jurídica, que se formaliza por meio de um documento que chamamos de contrato[159].

[155] Bobbio, Norberto. **Teoria do ordenamento jurídico**. 10. ed. Trad. Maria Celeste C. J. Santos. Brasília: UnB, 1999, p. 42-43.

[156] Laurent, F., **Principes de droit civil Français**. T. XV. 3. ed., Bruxelles e Paris: A. Marescq, 1878, p. 482.

[157] Com as palavras de Henri de Page, podemos compreender que os contratos "Son objet est de faire naître des obligacions, ou de modifier ou d'éteindre dês obligations préexistentes". Page, Henri de. **Traité Élémentaire de droit civil Belge**. T. II. 2 ed., Bruxelles: Établissements Émile Bruylant, 1948, p. 403.

[158] Kelsen, Hans. **Teoria pura do direito**. Trad. João Batista Machado. 4 ed. São Paulo: Martins Fontes, 1994, p. 286.

[159] Vejamos as outras diversas lições sobre o contrato. Nas palavras de Pereira: "O contrato é um acordo de vontades, na conformidade da lei, e com a finalidade de adquirir, resguardar, transferir, conservar, modificar ou extinguir direitos".(Pereira, op. cit., p. 07), e continua, afirmando que o contrato "É um negócio jurídico bilateral, e de conseguinte exige o consentimento; pressupõem, de outro lado, a conformidade com a ordem legal, sem o que não teria o condão e criar direitos para o agente; e, sendo ato negocial, tem por escopo aqueles

Para Bianca *"Il contratto è um negozio patrimoniale in quanto aha per oggeto rapporti suscettibili di vonluntazione econômica."*[160]

Assim, o contrato é, como se pode abstrair de todos os doutrinadores, uma negociação patrimonial que ocorre entre duas ou mais pessoas, visando à obtenção de um determinado resultado, para uma das partes a entrega de algo, ou ainda, a prestação de algum serviço dentre outras, e para a outra parte, que recebe aquilo que foi pretendido, há o dever de pagar, ou ainda, diga-se, contraprestar aquilo que se recebeu.

Por isso, os contratos são indispensáveis para que a sociedade concretize seus objetivos, ou seja, os seus negócios jurídicos que possibilitam a vida digna e o crescimento da sociedade.

## 6.2 Os princípios contratuais

Os princípios são bases ao ordenamento jurídico[161] de qualquer país, pois estipulam, independentemente de leis, as raízes de cada nação, criando princípios que se amoldam à realidade de um povo e seus anseios, possibilitando, *a posteriori*, a devida codificação.

É necessário tratar dos princípios[162] de um sistema jurídico, visto que são a base ou a espinha dorsal do ordenamento jurídico. Em uma

objetivos específicos". (*Ibidem*., p. 07.). Já para Gonçalves, *verbis*: "O contrato é uma espécie de negócio jurídico que depende, para a sua formação, da participação de pelo menos duas partes. É, portanto, negócio jurídico bilateral ou plurilateral". (GONÇALVES, Carlos Roberto. **Direito civil brasileiro**: contratos e atos unilaterais (v. III). 2 ed. São Paulo: Saraiva, 2006, p. 02). Neste sentido, vejamos, por fim, GAGLIANO, Pablo Stolze; PAMPLONA FILHO, Rodolfo. **Novo curso de direito civil**: contratos (v. 4). 3 ed. São Paulo: Saraiva, 2007, p. 11.

160 BIANCA, Massimo. **Diritto civile**. Vol. 3. 2 ed. Milano: Giuffrè Editore, 2001, p. 3. Ainda se deve observar o Código de Napoleão em seu art. 1.101, verbis: "Le contrat est une convention par laquelle une ou plusieurs personnes s'obligente, envers une ou plusieurs autres, à donner, à faire, ou à ne pas faire quelque chose"

161 BOBBIO, Norberto. **Teoria do ordenamento jurídico**. 10 ed. Trad. Maria Celeste C. J. Santos. Brasília: UnB, 1999, p. 19-22.

162 Os princípios podem ser compreendidos nos moldes do que refere Miguel Reale, por entender que os princípios são as verdades fundantes de um sistema de conhecimento, tanto por serem evidentes ou ainda por terem sido comprovados (REALE, Miguel. **Lições preliminares de direito**. 22 ed. São Paulo: Saraiva, 1995, p. 305). Ao inverso, reconhecendo uma função indutiva aos princípios, vale conferir a obra de BONAVIDES, Paulo. **Curso de direito constitucional**. 33 ed. São Paulo: Editora Malheiros, 2018, p. 271 e ss. Por fim, importante referir a função hermenêutica dos princípios conforme CANOTILHO, José Joaquim Gomes. **Direito constitucional e teoria da constituição**. 7 ed. Coimbra: Almedina, 2007, p. 1.161. Nesse sentido, a hermenêutica possibilita a interpretação, tradução, desve-

sociedade[163] de modernidade tardia, ou "pós-moderna", percebemos e vivenciamos as mais diversas ocorrências em ritmo acelerado, característico de uma sociedade consumista[164] e calcada em valores capitalistas.[165] Essa sociedade, "liquefeita",[166] é fruto da complexidade das relações

lamento de uma realidade ou de uma positivação que não seja compreendida pelo sujeito, possibilitando o entendimento daquilo que, linguisticamente, antes era totalmente incompreensível. Sobre a hermenêutica e suas serventias, observar Gadamer, mentor da Hermenêutica filosófica, restando essas lições trazidas de sua principal obra, o livro Verdade e método (GADAMER, Hans-Georg. **Verdade e método II**. Trad. Flávio Paulo Meurer. Petrópolis: Vozes, 1997, p. 111 e ss.). Noutra perspectiva, Humberto Ávila refere haver um sentido normativo-aplicativo; nesse viés, conferir ÁVILA, Humberto. **Teoria dos princípios da definição à aplicação dos princípios jurídicos**. 2 ed. São Paulo: Malheiros, 2003, p. 60 e 80.

163 Que vivencia celeumas das mais complexas como a dignidade e possível autonomia da pessoa no final de sua vida, tema que tem sido debatido em todos os cantos do mundo, onde se deve observar qual deve ser o direito a ser preservado nesse caso. Sobre essa temática, vale observar TINANT, Eduardo Luis. **Bioética jurídica, dignidad de la persona y derechos humanos**. Buenos Aires: Dunken, 2007, p. 81 e ss. Além dessa problemática de altíssimo grau de complexidade, vale trazer a este trabalho, para os interessados, a necessária observação da situação dos anencéfalos e dos nascituros. No caso destes últimos, deve ser observada a mesma obra do jurista e filósofo Eduardo Tinant a partir da página 55 e seguintes. Em relação à anencefalia, observe-se a mesma obra ora referida do pensador argentino Eduardo Tinant, pontuadamente a partir da página 63 e seguintes. Podem ser observadas as seguintes obras referentes ao conteúdo em discussão: TINANT, Eduardo Luis. **Genética y justicia** (compilador-director). In: BYK, Christian; MAINETTI, José A.; MEDINA, Graciela; BIANCHI, Néstor O.; MARTÍNEZ MARIGNAC, Verónica L.; BERGEL, Salvador D.; y LOJO, María Mercedes. SCJBA, La Plata, 2001. LABRUSSE-BRIOU, Catherine. **Le droit saisi par la biologie**. Des juristes au laboratoire. París : Librairie Générale de droit et de jurisprudence, 1996. GILLY, François-Noel. **Éthique et génétique, La bioéthique em questions**. París: Ellipses, 2001.

164 BAUMAN, Zygmunt. **La sociedad sitiada**. Trad. Mirta Rosenberg. Buenos Aires: Fondo de Cultura Económica, 2006, p. 224 e ss. BAUMAN, Zygmunt. **Vida líquida**. Trad. Albino Santos Mosquera. Buenos Aires: Paidós, 2009, p. 109 e ss.

165 Os valores do capitalismo são perceptivelmente observados na concepção Weberiana, quando acaba por vislumbrar uma ligação de tudo para com o capital, assim como o capital teria alta relevância para que os protestantes obtivessem mais participatividade. Assim, vale observar WEBER, Max. **La ética protestante y el espíritu del capitalismo**. Buenos Aires: Ediciones Libertador, 2007, p. 18. Sabe-se, todavia, que o capitalismo também se encontra em uma "encruzilhada", como aduz Miguel Reale, referindo da celeuma vivenciada até por este modelo que muito prometeu e, realisticamente, pouco cumpriu. (REALE, Miguel. **Crise do capitalismo e crise do Estado**. São Paulo: SENAC, 2000, p. 13 e ss.)

166 Nesse peculiar essas consequências são decorrência da pós-modernidade, como dizem alguns, ou ainda da modernidade tardia, como preferem outros. Talvez porque vivamos em uma sociedade sitiada e extremamente líquida que se tornou consumista em sua essência. Nesse sentido, conferir BAUMAN, Zygmunt. **La sociedad sitiada**. Trad. Mirta Rosenberg.

sociais, que às vezes se transmutam de forma abrupta, o que se exemplifica, a necessidade de tutela contratualista e análise dos princípios que justificam a sua composição.

Com o giro ocorrido a partir da re(valorização) da Constituição Federal, com o advento do constitucionalismo[167], a Constituição, antes desprestigiada, passou a ter a maior importância, assim como os princípios nela consagrados. Tornou-se comum, nas Constituições modernas, a positivação dos princípios,[168] que assim deixaram de ser induzidos das regras, assumindo posição apriorística.[169] Em vez de induzidos por sucessivas generalizações de normas particulares do sistema,[170] passaram a constituir normas de superior hierarquia, afeiçoados, na visão de alguns autores, a uma concepção jusnaturalista[171].

Buenos Aires: Fondo de Cultura Económica, 2006, p. 224 e ss. Vale ainda observar: BAUMAN, Zygmunt. **Vida líquida**. Trad. Albino Santos Mosquera. Buenos Aires: Paidós, 2009, p. 109 e ss.

[167] Sobre a ideia de Constitucionalismo, vejamos o que escreveu o jurista Sagués: "El llamada constitucionalismo movimiento constitucionalista es un proceso político-jurídico que en su versión inicial, a partir del siglo XVIII, tuvo por objetivo establecer en cada Estado un documento legal – la constitución – con determinadas características" (SAGUÉS, Nestor P. **Elementos de derecho constitucional**. T. I. Buenos Aires: Artraz, 1997, p. 1). Nesse sentido, também devemos observar as palavras de Figueiredo, ao fazer profissão de fé no constitucionalismo democrático, *verbis*: "É preciso valorizar o caráter normativo da constituição, assegurando aos seus preceitos eficácia jurídica e social. Não se deve adiar o esforço de integrar o Direito Constitucional ao processo histórico de promoção da justiça e da igualdade, no campo real e concreto – e não teórico ou retórico – da superação das estruturas anacrônicas da opressão política e social" (FIGUEIREDO, Marcelo. Democracia e Controle Eleitoral na Era do Constitucionalismo Transnacional. **Revista Latino-Americana de Estudos Constitucionais**, v. 17, p. 13, 2015, p. 571-581). Por fim, vale observar as palavras sempre atentas de CANOTILHO, José Joaquim Gomes. **Direito constitucional e teoria da constituição**. 7 ed. Coimbra: Almedina, 2007, p. 52.

[168] CAPPELLETTI, Mauro. **O controle judicial de constitucionalidade das leis no direito comparado**. Trad. Aroldo Plínio Gonçalves. Porto Alegre: Sergio Antonio Fabris, 1984, p. 130.

[169] Observando-se os princípios sob um aspecto de função diretiva, conferir BOBBIO, Norberto. **Principi generali di diritto.** Novissimo Digesto Italiano XIII. Torino, 1966, p. 130.

[170] Essa construção é encontrada em Bobbio, quando observa a Vittorio Scialoja e Giorgio Vecchio, percebendo-se que o juspositivismo foi vitorioso na Itália, mas que internacionalmente se abre novo espaço aos jusnaturalistas (*Ibidem*, p. 889).

[171] Sobre a temática, que é de grande discussão, vale observar, de forma bem sintetizada, as ponderações ofertadas por DIDIER Jr., Fredie; ZANETI Jr., Hermes. **Curso de direito processual civil**: processo coletivo. Vol. 4. 5. ed. Salvador: JusPodivm, 2010, p. 101-103.

Compreender a diferença entre normas-princípio e normas-regra[172] é relevante para a compreensão do tema. Princípios e regras são normas, por exprimirem dever ser, podendo conter mandado, proibição ou permissão[173]. Os princípios são mandados de otimização, normas que ordenam algo em maior ou menor medida, considerando-se as possibilidades fáticas e jurídicas existentes, podendo restar cumpridos ou não em diferentes graus[174]. Já as regras são normas que somente podem ser ou não ser aplicadas, não comportando um mais e um menos[175].

Os princípios são, pois, as bases, ainda que não determinantes, para a criação de regras[176].

Em sua lição, De Plácido e Silva, estudioso dos vocábulos jurídicos, ensina que "os princípios são o conjunto de regras ou preceitos que se fixam para servir de norma a toda espécie de ação jurídica, traçando a conduta a ser tida em uma operação jurídica"[177]. Assim, observe-se a conceituação feita por Ávila:

> Os princípios são normas imediatamente finalísticas, primariamente prospectivas e com pretensão de complementaridade e de parcialidade, cuja aplicação se demanda uma avaliação de correlação entre o estado de coisas a ser promovido e os efeitos decorrentes da conduta havida como necessária à sua promoção.[178]

A ideia de princípio trazida pelo jurista é muito interessante e nos faz entender que o princípio é voltado a uma finalidade determinada, visando ao seu adimplemento, sendo sempre uma ideia prospectiva, diga-se para o futuro, o que poderá embasar uma norma jurídica sobre determinada questão. Por essa razão se faz imanente avaliar sempre a situação principiológica de algo, para que se possa ter a compreensão real do instituto, adequando a sua aplicação à realidade social, sem ser, assim, uma aberração jurídica.

[172] Em relação ao debate, vale recordar Ronald Dworkin e Robert Alexy.

[173] Alexy, op. cit., p. 83.

[174] *Ibidem.*

[175] Por tudo isso podemos resumidamente dizer que toda norma ou é um princípio ou uma regra. Nesse sentido: *Ibidem*, p. 87.

[176] *Ibidem*, p. 103.

[177] Silva, De Plácido e. **Vocabulário Jurídico**. 3. ed. Rio de Janeiro, Forense, 1991.

[178] Ávila, op. cit., p. 70.

De início, note que a distinção entre regras e princípios, bem como a discussão sobre a força normativa dos princípios, há muito são preocupações da ciência jurídica[179], assim como os conteúdos de normas, garantias e direitos[180]. O estudo aprofundado e crítico desses temas, certamente, seria pretensioso, razão pela qual não será adotada uma conceituação definitiva. Porém, ao que parece da leitura de alguns conceitos desenvolvidos por juristas notáveis, a inafastabilidade da jurisdição possui natureza principiológica.

Humberto Bergmann Ávila, em sua a obra intitulada "Teoria dos Princípios da Definição à Aplicação dos Princípios Jurídicos", de reno-

[179] Exemplo disso é o levantamento desenvolvido por Ricardo Guastini que identifica em sua obra *Dalle Fonti alle Norme*, pelo menos, seis utilizações diferentes para o termo *princípio*, conforme bem narra Paulo Bonavides: "Deveras útil é a investigação doutrinária feita por Ricardo Guastini, que recolheu da jurisprudência e de juristas diversos seis distintos conceitos de 'princípios', todos vinculados a disposições normativas e assim enunciados: Em primeiro lugar, o vocábulo 'princípio', diz textualmente aquele jurista, se refere a normas (ou a disposições que exprimem normas) providas de um alto grau de generalidade. Em segundo lugar, prossegue Ricardo Guastini, os juristas usam o vocábulo 'princípio' para referir-se a normas (ou a disposições que exprimem normas) providas de um alto grau de indeterminação e que por isso requerem concretização por via interpretativa, sem a qual não seriam suscetíveis de aplicação a casos concretos. Em terceiro lugar, afirma ainda o mesmo autor, os juristas empregam a palavra 'princípio' para referir-se a normas (ou disposições normativas) de caráter 'programático'. Em quarto lugar, continua aquele pensador, o uso que os juristas às vezes fazem do termo 'princípio' é para referir-se a normas (ou a dispositivos que exprimem normas) cuja disposição hierárquica das fontes de Direito é muito elevada. Em quinto lugar – novamente Guastini – 'os juristas usam o vocábulo princípio para designar normas (ou disposições normativas) que desempenham uma função 'importante' e 'fundamental' no sistema jurídico ou político unitariamente considerado, ou num ou noutro subsistema do sistema jurídico conjunto (o Direito Civil, o Direito do Trabalho, o Direito das Obrigações). Em sexto lugar, finalmente, elucida Guastini, os juristas se valem da expressão 'princípio' para designar normas (ou disposições que exprimem normas) dirigidas aos órgãos de aplicação, cuja específica função é fazer a escolha dos dispositivos ou das normas aplicáveis nos diversos casos." (BONAVIDES, Paulo. **Curso de direito constitucional**. 33 ed. São Paulo: Malheiros, 2018, p. 266-267).

[180] Em alguns momentos deste trabalho, será utilizada a locução *garantia da inafastabilidade*, no entanto, isso não implicará entrar na discussão sobre diferenças terminológicas. Em tais oportunidades, parece que a definição de garantia apresentada por Barroso bem explica o termo: "A *garantia* importa na existência de mecanismos institucionais e jurídicos aptos a assegurar o cumprimento da norma ou a impor consequências em razão do seu descumprimento." (BARROSO, Luís Roberto. **Curso de direito constitucional contemporâneo**: os conceitos fundamentais e a construção do novo modelo. 4 ed. São Paulo: Saraiva, 2013, p. 212).

mado destaque doutrinário, utiliza três critérios: o critério da natureza do comportamento prescrito, o critério da natureza da justificação exigida e o critério da medida de contribuição para a decisão[181].

Pelo critério do comportamento prescrito, o autor distingue as regras dos princípios pelo modo como prescrevem o comportamento. Desse modo, as regras são imediatamente descritivas, ou seja, descrevem uma conduta a ser adotada a partir da qual estabelecem obrigações, permissões e proibições. Os princípios, por sua vez, são normas imediatamente finalísticas, em vez de descrever condutas e consequências, estabelecem um estado das coisas ou um fim juridicamente relevante a ser buscado e realizado mediante a adoção de determinados comportamentos.

Explica o autor:

> Com efeito, os princípios estabelecem um estado ideal de coisas a ser atingido (*state os affairs, Idealzustand*), em virtude do qual deve o aplicador verificar a adequação do comportamento a ser escolhido ou já escolhido para resguardar tal estado das coisas. Estado das coisas pode ser definido como uma situação qualificada por determinadas qualidades. O estado das coisas transforma-se em fim quando alguém aspira conseguir, gozar ou possuir as qualidades presentes naquela situação. Por exemplo, o princípio do Estado de Direito estabelece estados de coisas, como a existência de responsabilidade (do Estado), de previsibilidade (da legislação), de equilíbrio (entre interesses públicos e privados) e de proteção (dos direitos individuais), para cuja realização é indispensável a adoção de determinadas condutas, como a criação de ações destinadas a responsabilizar o Estado, a publicação com antecedência da legislação, o respeito à esfera privada e o tratamento igualitário. Enfim, os princípios, ao estabelecerem fins a serem atingidos, exigem a promoção de um estado das coisas – bens jurídicos – que impõe condutas necessárias à sua preservação ou realização. Daí possuírem caráter *deôntico-teleológico*: *deôntico*, porque estipulam razões para a existência de obrigações, permissões ou proibições; *teleológico*, porque as obrigações, permissões e proibição decorrem dos efeitos advindos de determinado comportamento que preservam ou promovem determinado estado de coisas. Daí afirmar-se que os princípios são normas-do-que-deve-ser

[181] Ávila, op. cit., p. 95-102.

> (*ought-to-be-norms*): seu conteúdo diz respeito a um estado ideal de coisas (*state of affairs*).[182]

O segundo critério da natureza da justificação exigida distingue as regras dos princípios em razão do modo de justificação necessário à sua aplicação. As regras, por descreverem um comportamento e suas consequências, terão sua aplicação justificada mediante a explicação da correspondência entre o contexto fático e a descrição normativa.

No caso dos princípios, por outro lado, o elemento finalístico prevalece sobre o descritivo, como já colocado. A justificação de sua aplicação no caso em concreto não ocorrerá só pela demonstração da subsunção dos fatos às descrições normativas, mas principalmente pela interpretação sobre os efeitos de determinados fatos, se eles contribuíram ou não para a realização do estado ideal das coisas e do fim juridicamente relevante.

O terceiro critério da medida de contribuição para a decisão diferencia as regras e os princípios pelos modos diferentes que contribuem para a decisão adotada. Segundo o autor, as regras, por traçarem comportamentos e consequências, possuem pretensão terminativa ou de gerar uma solução específica para o caso que se enquadra no comportamento prescrito. Os princípios, ao seu turno, por delinearem um fim a ser atingido, possuem uma pretensão de complementariedade no raciocínio, de orientação na tomada de decisão.

Paralelamente, Canotilho expõe outros critérios para diferenciar regras e princípios:

> Saber como distinguir, no âmbito do superconceito norma, entre regras e princípios, é uma tarefa particularmente complexa. Vários são os critérios sugeridos. a) Grau de abstracção: os princípios são normas com um grau de abstracção relativamente elevado; de modo diverso, as regras possuem uma abstracção relativamente reduzida. b) Grau de determinabilidade na aplicação do caso concreto: os princípios, por serem vagos e indeterminados, carecem de mediações concretizadoras (do legislador, do juiz), enquanto as regras são susceptíveis de aplicação directa. c) Carácter de fundamentalidade no sistema das fontes de direito: os princípios são normas de natureza estruturante ou com um papel fundamental no ordenamento jurídico devido à sua posição hierárquica no

[182] Ibidem, p. 95-96.

sistema das fontes (ex.: princípios constitucionais) ou à sua importância estruturante dentro do sistema jurídico (ex.: princípio do Estado de Direito). d) "Proximidade da ideia de direito: os princípios são "standards" juridicamente vinculantes radicados nas exigências de "justiça" (Dworkin) ou na "ideia de direito" (Larenz); as regras podem ser normas vinculativas com um conteúdo meramente funcional.[183]

Paulo Bonavides, seguindo o raciocínio, também distingue regras e princípios no plano normativo, inclusive entende que os princípios estão em uma posição de supremacia material sobre as regras, pela carga valorativa que agregam[184]. Por outro lado, Alexy, cuja obra tem destaque pela investigação das categorias normativas, dentre outros temas, é alvo de críticas e elogios. Sem entrar nessa seara, o autor, de forma notável, conceitua os princípios como *mandados de otimização* os quais "ordenam que algo seja realizado na maior medida possível, dentro das possibilidades jurídicas e reais existentes"[185].

Em continuidade ao raciocínio, o conceito de Celso Antônio Bandeira de Mello também tem encontrado muita aceitação no meio jurídico. Segundo o autor:

[183] Canotilho, José Joaquim Gomes. **Direito constitucional e teoria da constituição**. 7 ed. Coimbra: Almedina, 2007, p. 1.160.

[184] Segundo o autor, "não há distinção entre princípios e normas, os princípios são dotados de normatividade, as normas compreendem regras e princípios, a distinção relevante não é, como nos primórdios da doutrina, entre princípios e normas, mas entre regras e princípios, sendo as normas o gênero, e as regras e os princípios a espécie. Daqui já se caminha para o passo final da incursão teórica: a demonstração do reconhecimento da superioridade e hegemonia dos princípios na pirâmide normativa; supremacia que não é unicamente formal, mas sobretudo material, e apenas possível na medida em que os princípios são compreendidos e equiparados e até mesmo confundidos com os valores, sendo, na ordem constitucional dos ordenamentos jurídicos, a expressão mais alta da normatividade que fundamenta a organização do poder [...]. A importância vital que os princípios assumem para os ordenamentos jurídicos se torna cada vez mais evidente, sobretudo se lhes examinarmos a função e presença no corpo das Constituições contemporâneas, onde aparecem como pontos axiológicos de mais alto destaque e prestígio com que fundamentar na Hermenêutica dos tribunais a legitimidade dos preceitos da ordem constitucional." (Bonavides, Paulo. **Curso de direito constitucional**. 33 ed. São Paulo: Editora Malheiros, 2018, p. 298-299).

[185] Nery Junior, Nelson. **Princípios do processo na Constituição Federal**: processo civil, penal e administrativo. 10 ed. São Paulo: Revista dos Tribunais, 2010, p. 29.

> Princípio é, por definição, mandamento nuclear de um sistema, verdadeiro alicerce dele, dispositivo fundamental que se irradia sobre sua exata compreensão e inteligência exatamente por definir a lógica e a racionalidade do sistema normativo, no que lhe confere a tônica e lhe dá sentido harmônico (...) Violar um princípio é muito mais grave do que transgredir uma norma qualquer. A desatenção ao princípio implica ofensa não apenas a um específico mandamento obrigatório, mas a todo o sistema de comandos. É a mais grave forma de ilegalidade ou inconstitucionalidade, conforme o escalão do princípio atingido, porque representam insurgência contra todo o sistema, subversão de seus valores fundamentais, contumélia irremissível a seu arcabouço lógico e corrosão de sua estrutura.[186]

No mesmo sentido, é o conceito apresentado pelo autor espanhol Andrés de la Oliva Santos, para quem os princípios são *aquellos criterios, que, en una analogía de mayor o menor intensidad, merecen tal denominación por su índole radical y generadora de características intrínsecas o nucleares de los procesos*[187].

Reale, também atribui caráter de fundamentalidade aos princípios e os define como verdades fundantes de um sistema de conhecimento, como "enunciações normativas de valor genérico, que condicionam e orientam a compreensão do ordenamento jurídico, quer para sua aplicação e integração, quer para a elaboração de novas normas." [188]. Continua o autor caracterizando os princípios como certos "enunciados lógicos admitidos como condição ou base de validade das demais asserções que compõem dado campo do saber"[189].

Assim, os contratos que entabulam negócios jurídicos[190] devem respeitar, necessariamente, os princípios contratuais estabelecidos pelo

[186] Mello, Celso Antônio Bandeira de. **Curso de direito administrativo**. 30 ed. São Paulo: Malheiros, 2013, p. 54.

[187] Oliva, Andrés de la. Fernández, Miguel Angel. **Derecho procesal civil** (v. 1). Madrid: Editorial Centro de Estudios Ramon Areces, 1990, p. 107.

[188] Reale, Miguel. **Lições preliminares de direito**. 22 ed. São Paulo: Saraiva, 1995, p. 303-304.

[189] *Ibidem.*, p. 305.

[190] "(...) atos em que o elemento volitivo possui uma direção certa, a dos efeitos jurídicos reconhecidos pelo ordenamento, mas cujo conteúdo tem um âmbito de livre disposição". (Tepedino, Gustavo (coord.), Melo Vencelau, Rose. **A parte geral do novo código civil**. Rio de Janeiro: Renovar, 2003, p. 182.)

Código Civil de 2002, observando, desde já, os próprios dispositivos da Constituição Federal de 1988, que é o cerne legal do País, com toda a legitimidade possível existente.

Certamente, em tema de princípios, os doutrinadores acabam por classificar tais principiologias de inúmeras maneiras, bem como são, de certo modo, até muito criativos, havendo juristas que criam extensivo rol principiológico; por outro lado, alguns outros que se demonstram simplórios na explicitação de tais princípios.

Neste trabalho, até por uma questão de delimitação, abarcaremos os principais princípios que tenham relação com o objetivo do entendimento das novas relações contratuais, especialmente tendo a função social como grande norteador de nosso estudo, agregando, por certo, outros conceitos e analisando o diálogo dentre todas bases principiológicas para a análise dos contratos.

Dessa forma, são os principais princípios do Direito contratual brasileiro[191]: a autonomia privada; a obrigatoriedade (ou a força obrigatória) dos contratos; a relatividade dos efeitos dos contratos; o consensualismo; a boa-fé objetiva, e o próprio estudo, um pouco mais aprofundado, da função social do contrato[192].

### 6.2.1 A autonomia privada

Esse princípio é muito importante para a formação dos contratos, e consequente manutenção da sociedade, é a forma de manifestação da vontade que as partes envolvidas na negociação jurídica utilizam para demonstrar qual a "liberdade contratual"[193] empregada.

[191] TEPEDINO, Gustavo. **Temas de direito civil**. 3. ed. Rio de Janeiro: Renovar, 2004, p. 07.

[192] Neste sentido, tratando da função social do contrato, vejamos o que nos diz Edson Luiz Fachin, verbis: "o contrato que atinja sua função social gozará não só do reconhecimento jurídico, como também terá direito a incentivos fiscais, facilidades burocráticas e administrativas, financiamentos especiais, e uma proteção pública rígida contra qualquer ofensa externa, mesmo de concorrentes". FACHIN, Luiz Edson (coord.); NEVES SOTO, Paulo. **Diálogos sobre Direito Civil**. Rio de Janeiro: Renovar, 2003, p.261.

[193] Na sempre atenta e apurada visão da Jurista Marques, quando trata da liberdade contratual, entende que "A ideia de autonomia de vontade está estreitamente ligada a ideia de uma vontade livre, dirigida pelo próprio individuo sem influências externas imperativas. A liberdade contratual significa, então, a liberdade de contratar ou de se abster de contratar, liberdade de escolher o seu parceiro contratual, de fixar os conteúdos e limites das obrigações que quer assumir, liberdade de poder exprimir a sua vontade na forma que desejar,

Essa é a ideia-chave, autonomia ao ponto de haver a possibilidade de ambos escolherem a forma de contratar, o objeto que será negociado, o sujeito com quem negociar e dentre outras liberdades que a autonomia da vontade permite.

Por meio deste princípio é que se terá a delimitação do contrato, sendo o ponto máximo de autonomia dos contratantes, para se fazer adimplir as suas vontades, sempre buscando o fim comum, qual seja a troca de bens ou serviços por dinheiro, fazendo ocorrer a tão esperada e necessária circulação de riqueza[194].

Sobre o tema, Rodrigues referiu, com grande propriedade, ser uma prerrogativa, legalmente conferida aos contratantes, para a negociação jurídica nas conformidades do direito vigente, desde que se respeite a própria lei e a validade da contratação, não podendo haver contrariedade com a norma civil brasileira.

Na organização jurídica das sociedades, reforça-se a importância dos contratos por meio da filosófica individualista do século XIX, donde se obtém a ideia de que a liberdade negocial[195] deveria ser a base de todas as ações, enquanto a intervenção estatal se daria somente de forma substancial[196].

Essa ideia da doutrina individualista clássica foi bem esposada, de forma sintética, por Calixto Valverde y Valverde, vejamos: "Sólo yo

contando sempre com a proteção do direito. MARQUES, Claudia Lima. **Contratos no código de defesa do consumidor**: o novo regime das relações contratuais. 4 ed. São Paulo, Revista dos Tribunais, 2002, p. 48.

194 No dizer de Rodrigues, "O princípio da autonomia da vontade consiste na prerrogativa conferida aos indivíduos de criarem relações na órbita do direito, desde que se submetam as regras imposta pela lei e que seus fins coincidam com o interesse geral, ou não o contradigam. Desse modo qualquer pessoa capaz pode, através da manifestação de sua vontade, criar relação que a lei empresta validade". (RODRIGUES, op. cit., p. 15-16.)

195 Observando a ideia da liberdade negocial, liberdade para contratar vejamos a ponderações feitas por Gustav Radbruch "(...) as limitações legais da liberdade contratual mostraram-se, por isso, necessárias, porque num processo dialético a liberdade contratual se autolimitou, extinguindo-se, muitas vezes (...) a liberdade contratual somente poderia ser liberdade de contrato igual para todos numa sociedade de pequenos proprietários, igualmente poderosos do ponto de vista social. Quando os contraentes se defrontam como proprietários e não proprietários, a liberdade contratual converte-se numa liberdade de prescrição dos socialmente poderosos, numa servidão imposta aos socialmente impotentes (...) (RADBRUCH, Gustav. **Filosofia do Direito**. São Paulo: Martins Fontes, 2004, p. 214-215).

196 PAGE, op. cit., p. 426.

puedo obligarme y puedo obligarme a todo lo que quiero, o en otros términos, toda obligación para ser justa debe ser libremente consentida, y toda obligación libremente consentida es justa[197]".

Essa era a realidade que se expressava em nosso País pelo Código Civil de 1916, em que bastava a livre manifestação das partes para que a obrigação contratual fosse firmada e que fosse, a seu turno, intangível, pois o Direito Civil era evidentemente patrimonialista e arcaico.

Não se pode destruir a importância deste princípio que foi e ainda é muito relevante para que os negócios jurídicos sejam firmados, realizando a ideia de sociedade, pois ainda valorizamos e muito a vontade das partes, mas não cabe mais aquele olhar "encabrestado", ou seja, fechado, limitado da realidade.

Deve o contrato, por mais que decorrente de livre manifestação de vontade, respeitar o intuito social; deve ser um contrato que sirva não somente às partes que o criaram, mas também à sociedade de uma forma geral, o que legitimará o contrato neste novo Direito Civil, que deixou de ser patrimonialista desde 2002 com o novo Código Civil, visando, antes de qualquer outra coisa, ao caráter social e à repersonalização.

Não bastasse esse jurista referir isso, em solo nacional temos a referência sempre pontuada de Reale arguindo que o sentido social é uma das características mais marcantes do projeto do novo Código Civil, quando, em sua época é claro, em contraste com o sentido individualista que condicionava o Código Civil de 1916.[198]

Dessa forma, explicam Nery e Nery Júnior que:

> (...) a autonomia privada, como fonte normativa, é fenômeno que permite que o sujeito celebre negócios jurídicos (principalmente, negócios jurídicos bilaterais, ou seja, contratos), que são extraordinários mecanismos de realização do Direito, na medida em o negócio jurídico é um modo de manifestação de normas jurídicas (ainda que particulares). Por meio do negócio jurídico, os sujeitos de direito transformam a realidade jurídica da forma como lhes apraz, realizando no mundo fenomênico do direito os efeitos jurídicos queridos pela vontade privada. Os meros atos jurídicos, ou atos jurídicos em sentido estrito, servem

[197] VALVERDE, Calixto Valverde y. **Tratado de derecho civil Español.** (t. III). 3 ed. Talleres Tipográficos "Cuesta", 1926, p. 210.

[198] REALE, Miguel. **O projeto do novo código civil**. 2 ed. São Paulo: Saraiva, 1999, p. 07.

> para atuar regras de condutas já dispostas, mas não têm a amplitude funcional dos negócios jurídicos, institucionalmente mais bem elaborados. Os negócios jurídicos, frutos da autonomia privada, criam uma nova norma. No primeiro caso (de realização de atos jurídicos), o sujeito exterioriza vontade do ato; no segundo caso (de realização de negócios jurídicos), o sujeito exterioriza vontade pelo conteúdo do negócio.64 Pode-se dizer que a vontade, no negócio jurídico, é criadora e criatura, porque ao mesmo tempo em que ela é mote causal do negócio, destacada do sujeito, ela se transforma em algo com existência e eficácia autônoma.[199]

Ademais, Mello ensina que:

> (...) o contrato funciona, pois, como um instrumento de realização das finalidades traçadas pelos princípios e valores constitucionais. Assim, a relação jurídica contratual outrora marcadamente individualista, caminha no sentido de valorização do interesse público em nome da justiça social, da dignidade da pessoa humana e na formação do negócio jurídico tutelado pela confiança, boa-fé objetiva e o próprio sentido de funcionalização do contrato. Dessa maneira exsurge uma nova dimensionalidade ética, a partir da qual os contratos devem ser analisados e interpretação à luz da solidariedade, concretizando, pois, a dignidade da pessoa humana e demais princípios de ordem pública.[200]

Demonstra-se essa realidade, também, através da ideia de intervencionismo estatal, que foi introduzida em nossa cultura jurídica, realizando-se a partir do chamado dirigismo contratual[201], que é a mais pura demonstração da intervenção do Estado na relação contratual, com o intuito de socializar alguns contratos que foram produzidos sem essa ideia.

Para Gonçalves, o princípio da autonomia privada é limitado em detrimento do princípio da supremacia da ordem pública:

[199] NERY, Rosa Maria de Andrade. **Instituição de direito civil:** teoria geral do direito privado (v.1, t. I). São Paulo: Revista dos Tribunais, 2014, p. 543.

[200] MELLO, Cleyson de Moraes. **Direito civil**: contratos. 2. ed. Rio de Janeiro: Freitas Bastos, 2017, p. 72.

[201] PEREIRA, op. cit., p. 25.

> A liberdade contratual encontrou sempre limitação na ideia de ordem pública, entendendo-se que o interesse da sociedade deve prevalecer quando colide com o interesse individual. O princípio da autonomia da vontade, como vimos, não é absoluto. É limitado pelo princípio da supremacia da ordem pública, que resultou da constatação, feita no início do século passado e em face da crescente industrialização, de que a ampla liberdade de contratar provocava desequilíbrios e a exploração do economicamente mais fraco. Compreendeu-se que, se a ordem jurídica prometia a igualdade política, não estava assegurando a igualdade econômica. Em alguns setores fazia-se mister a intervenção do Estado, para restabelecer e assegurar a igualdade dos contratantes. (...) Os direitos também devem ser exercidos no limite ordenado pelos bons costumes, conceito que decorre da observância das normas de convivência, segundo um padrão de conduta social estabelecido pelos sentimentos morais da época. Serve para definir o comportamento das pessoas. Pode-se dizer que bons costumes são aqueles que se cultivam como condições de moralidade social, matéria sujeita a variações de época a época, de país a país, e até dentro de um mesmo país e mesma época.[202]

No mesmo sentido, Arruda Alvim vem dar definição de autonomia privada, no sentido de que:

> (...) esse espaço de liberdade é chamado de autonomia privada, e, no contexto do liberalismo foi muito amplo. É esse espaço a medida em que a ordem jurídica reconhece validade e eficácia à vontade das pessoas. Então, as pessoas se comportam no mundo contratual exercendo a sua vontade concretizadora de sua autonomia privada. Essa autonomia privada, desde que não infrinja a lei de ordem pública, desde que não seja imoral e desde que exercitada em razão de um objeto lícito e desde que não infrinja os bons costumes, as relações jurídicas nascidas dentro dessa autonomia privada são validadas pela ordem jurídica. Pode-se dizer que ela é o motor da economia. Uma das expressões dessa autonomia – reconhecida pela ordem jurídica – é o de poder as partes idealizarem um contrato, não tipificado no Código, sobre o novo Código é expresso, ainda que isso já fosse havido como admissível no Código Civil de 1916.[203]

[202] Gonçalves, op. cit., p. 28-29.

[203] Alvim, Arruda. A função social dos contratos no novo Código Civil. **Revista dos Tribunais**, São Paulo, v. 92, n. 815, p. 11-31, set. 2003, p. 22.

Essa é a pura realidade de nosso "novo" *Codex Civile*, que continua, sim, preservando a ideia de autonomia da vontade[204], mas, hoje, dando-lhe a importância devida, sendo esse princípio não mais "absoluto" como antes, mas, sim, inclinável à repercussão do contrato frente à ordem social, diga-se, à função social do contrato, que será em seguida analisada.

### 6.2.2 A obrigatoriedade (ou a força obrigatória) dos contratos

Os contratos são formulados para chegarem a seu fim, ou seja, ao seu objetivo. São formados para serem cumpridos, realizados no mundo fenomênico e não, meramente, para ficarem na via formal ou jurídica[205].

Essa ideia de cumprimento do contrato nos leva a pensar em *pacta sunt servanda*[206], relembrando a doutrina pretérita de Gomes[207] que já explicava, coerentemente, essa ideia. Por tudo isso, nesse olhar, deve-se observar o contrato como um imperativo categórico, para os contratantes, o que propiciará a conclusão do negócio, cumprindo o seu fim.

Essa força obrigatória do contrato é a pedra angular para possibilitar a busca da execução desse contrato, quando não seja, por uma das partes, cumprido o seu dever, tanto possibilitando a execução forçada, quando possível, como também a busca de perdas e danos, quando não for possível a busca do cumprimento do contrato. Para Gonçalves:

[204] Sobre essa nova realidade da autonomia da vontade, consultar o jurista argentino LORENZETTI, Ricardo Luis. **Fundamentos do direito privado**. São Paulo: Revista dos Tribunais, 1998, p. 537.

[205] Observando a ideia de obrigatoriedade dos contratos aliada a devida prática de boa-fé ver: Los Mozos, José Luis de. **El principio de la buena fe**: sus aplicaciones prácticas en el derecho civil Español. Barcelona: Bosch Casa Editorial, 1965, p. 207. BETTI, Emilio. **Teoria geral do negócio jurídico**. T. I. Trad. Fernando de Miranda. Coimbra: Coimbra, 1969, p. 267-268.

[206] Antes de nos encaminharmos para a doutrina, vejamos o que nos diz a jurisprudência do STJ, especificamente a sexta turma, sobre a relatoria do Ministro Luiz Vicente Cernicchiaro, julgado em 09.05.1994, no Resp. nº 36.279/SP, verbis: "A lei locatícia visa a favorecer o inquilino. O direito é indissociável do justo. O "pacta sunt servanda" deve conciliar-se com a cláusula "rebus sic stantibus". A referida proteção não pode converter-se em enriquecimento sem justa causa. Urge, então, nesse quadrante, promover a revisão do aluguel."

[207] "O princípio da força obrigatória consubstancia-se na regra de que o contrato é lei ente as partes. Celebrado que seja, com a observância de todos os pressupostos e requisitos necessários à sua validade, deve ser executado pelas partes como se suas cláusulas fossem preceitos legais imperativos" (GOMES, Orlando. **Contratos**. 25. ed., Rio de Janeiro: Forense, 2002, p. 36.)

> O aludido princípio tem por fundamentos: a) a necessidade de segurança nos negócios, que deixaria de existir se os contratantes pudessem não cumprir a palavra empenhada, gerando a balbúrdia e o caos; b) a intangibilidade ou imutabilidade do contrato, decorrente da convicção de que o acordo de vontades faz lei entre as partes, personificada pela máxima pacta sunt servanda (os pactos devem ser cumpridos), não podendo ser alterado nem pelo juiz. Qualquer modificação ou revogação terá de ser, também, bilateral. O seu inadimplemento confere à parte lesada o direito de fazer uso dos instrumentos judiciários para obrigar a outra a cumpri-lo, ou a indenizar pelas perdas e danos, sob pena de execução patrimonial (CC, art. 389). A única limitação a esse princípio, dentro da concepção clássica, é a escusa por caso fortuito ou força maior, consignada no art. 393 e parágrafo único do Código Civil.[208]

Sobre o tema, ainda, é pertinente a lição de Nader[209]:

> Os contratos são feitos para serem cumpridos – pacta sunt servanda. Se o acordo de vontades se faz dentro da esfera de liberdade reservada à iniciativa particular, em se tratando de contratos de Direito Privado, as regras estabelecidas impõem-se coercitivamente às partes, ressalvada a hipótese de inserção de cláusula de arrependimento ou arras penitenciais. O comum, nas obrigações contratuais, é o adimplemento. Havendo inexecução, importante a verificar-se é a existência ou não do elemento culpa em sentido amplo. Se o fato decorreu de caso fortuito ou motivo de força maior, o devedor não responderá, salvo se o contrário ficou estabelecido em cláusula contratual. Na hipótese de descumprimento doloso ou culposo, dever-se-á observar o disposto no art. 389 do Código Civil, que impõe ao devedor os ônus de perdas e danos, juros, atualização monetária e honorários advocatícios. Tratando-se de obrigação de dar e havendo condição fática de se impor o cumprimento da obrigação de fazer e de não fazer, sem a violação dos direitos de personalidade, o interessado poderá pleitear a prestação jurisdicional neste sentido. O Código de Processo Civil de 2015 contém disposições pertinentes à execução específica nas obrigações de dar (art. 806, § 2º), fazer e não fazer (art. 497). Já o Código de Defesa do Consumidor, pelo art.

[208] Gonçalves, op. cit., p. 31.
[209] Nader, op. cit., p. 57.

> 84, prevê a tutela específica nas obrigações de fazer e de não fazer e com a previsão de liminar e multa diária (astreinte)."

Esse princípio visa a atribuir ao contrato uma seriedade elevada, que lhe dê *status* de quase norma, pois, na verdade, sua aplicação, em regra, é *inter partes* e não *erga omnes*. Isso é que possibilita aos doutrinadores referirem que o contrato, em decorrência desse princípio, é "lei" ente as partes, o que atribui maior obrigatoriedade no seu adimplemento. Neste peculiar, Marques assevera que:

> A ideia de força obrigatória dos contratos significa que uma vez manifestada a vontade as partes estão ligadas por um contrato, têm direitos e obrigações, e não poderão se desvincular, a não ser através de outro acordo de vontade ou pelas figuras da força maior e do caso fortuito (acontecimentos fáticos externos e incontroláveis pela vontade do homem).[210]

É essa a ideia que se deve ter sobre esse princípio, o de que os contratos foram elaborados e firmados, sob manifestação de vontade das partes, para serem cumpridos, tendo, em relação aos limites do contrato e das partes, força obrigatória, ou seja, como dizem outros, sendo lei entre as partes, revivendo a ideia da *pacta sunt servanda*.

Essa força obrigatória[211], assim como a autonomia da vontade, não é absoluta, primeiramente pelo fato de que hodiernamente nenhum instituto jurídico está a salvo de combate, quer no âmbito infraconstitucional como também em nível de institutos constitucionais, e em segundo plano, pelo dever que tem o contrato de ser útil, não somente entre as partes, mas também frente à sociedade, sendo um contrato que venha a repercutir, economicamente, no âmbito social. Desse modo, essa é a limitação que esse princípio encontra como liame de sua aplicação e "indiscutibilidade".

[210] Marques, Claudia Lima. **Contratos no código de defesa do consumidor**: o novo regime das relações contratuais. 4 ed. São Paulo, Revista dos Tribunais, 2002, p. 50.

[211] Von Jhering, Rudolf. **L'evolution du droit**. 2 ed. Trad. O. de Meulenaere da. Paris: Librairie A. Marescq, 1901, p. 36.

### 6.2.3 A relatividade dos efeitos dos contratos

Importante observar, incialmente, que, como regra, em seu aspecto subjetivo, os contratos se submetem àquilo que anteriormente chamamos de força obrigatória, ou seja, somente vinculando (podendo gerar efeitos) com relação às pessoas que se achem efetivamente vinculadas pela obrigação originada do negócio jurídico, no momento de sua formação.

Por outro lado, forçoso reconhecer que a relatividade dos efeitos dos contratos também pode ser analisada sob o viés objetivo, como bem ensinou Gomes, informando que, neste caso, o contrato tem efeito apenas a respeito das coisas que caracterizam a prestação[212].

Dessa forma, podemos, de fato, afirmar que os negócios jurídicos celebrados, em regra, somente atingem as partes contratantes, ou seja, aqueles que manifestaram a vontade e aquiesceram com todas as regras, cláusulas e consequências desde sua formação, de acordo com a preeminência da autonomia da vontade[213], já que ninguém pode tornar-se devedor ou credor sem sua plena aquiescência, não prejudicando ou beneficiando terceiros estranhos à relação contratual (efeitos *inter partes*).

É a consagração da regra contratual da *res inter alios acta allis neque nocere neque prodesse potest*[214], ou seja, o contrato somente vincula os contratantes, não aproveitando nem beneficiando terceiros, sendo tal vinculação exclusiva entre as partes que nele intervieram, efetivamente, somente produzindo eficácia entre as partes contratantes. Isso porque, como bem leciona Gomes, "em síntese, ninguém pode tornar-se credor ou devedor contra a vontade se dela depende o nascimento do crédito ou da dívida"[215].

[212] Gomes, Orlando. **Contratos.** 25. ed., Rio de Janeiro: Forense, 2002, p. 44.

[213] Lembremos, aqui, dos ensinamentos de Enzo Roppo, que nos apresenta um conceito mais apropriado às concepções modernas de autonomia privada: "Autonomia significa, etimologicamente, poder de modelar por si – e não por imposição externa – as regras da sua própria conduta; e autonomia privada, ou autonomia contratual, significam liberdade dos sujeitos de determinar com a sua vontade, eventualmente aliada à vontade de uma contraparte no 'consenso' contratual, o conteúdo das obrigações que se pretende assumir, das modificações que se pretende introduzir no seu patrimônio". (Roppo, Enzo. **O contrato.** Trad. Ana Coimbra e M. Januário C. Gomes. Coimbra: Almedina, 1988, p. 128.)

[214] Tradução livre: "O que foi negociado entre as partes não pode prejudicar nem beneficiar terceiros".

[215] Gomes, Orlando. **Contratos.** 25. ed., Rio de Janeiro: Forense, 2002, p. 43.

Entretanto, forçoso reconhecer que os efeitos dos contratos, assim como preleciona o princípio da função social dos contratos, necessitam de análise aprofundada em torno da própria responsabilidade originária da relação contratual, especialmente se analisada a partir do perfil subjetivo dos contratantes, evidenciando se o inadimplemento poderia, ou não, repercutir além da esfera individual daqueles ao contrato vinculado, efetivamente, levantando o questionamento se haveria a possibilidade de atingir patrimônio de terceiros[216].

Talvez, justamente por esse motivo, Serpa Lopes ensina que o fundamento maior para a relatividade dos efeitos dos contratos era a liberdade humana e que, visando a protegê-la, firmou-se a ideia de que os contratos não poderiam ter eficácia além das próprias partes que neles consentiram[217].

Por certo, podemos falar em dois tipos de efeitos emanados das relações contratuais, os efeitos internos ou endógenos dos contratos, que somente podem ser vinculados (obrigatórios) entre as partes contratantes; entretanto, há, ainda, os efeitos externos ou exógenos dos contratos, caso em que se fala na observação da função social e, com relação ao terceiro, em oponibilidade[218]. Nestas hipóteses, somente nas

[216] Nesse sentido, Azevedo apresentou ensaio sobre a necessidade dessa releitura do princípio, sustentando que "Não é possível que, ao final do século XX, os princípios do direito contratual se limitem àqueles *survival of the fittest*, ao gosto de Spencer, no ápice do liberalismo sem peias; seria fazer tabula rasa de tudo que ocorreu nos últimos cem anos. A atual diminuição do campo de atuação do Estado não pode significar a perda da noção conquistada com tanto sofrimento, de tantos povos e de tantas revoluções, de harmonia social. O alvo, hoje, é o equilíbrio entre sociedade, Estado e indivíduo. O contrato não pode ser considerado como um ato que somente diz respeito às partes; do contrário, voltaríamos a um capitalismo selvagem, em que a vitória é dada justamente ao menos escrupuloso. Reduzido o Estado, é preciso, agora, saber harmonizar a liberdade individual e a solidariedade social. (Azevedo, Antônio Junqueira de Azevedo. Princípios do novo direito contratual e desregulamentação do mercado: direito de exclusividade nas relações contratuais de fornecimento, função social do contrato e responsabilidade aquiliana do terceiro que contribui para o inadimplemento contratual. **Revista dos Tribunais**, São Paulo, v. 750, abr. 1998, p. 113-120). Ainda sobre o tema: Machado, Luciano Rodrigues. A função social e a legitimação para a causa. In. Mazzei, Rodrigo (Coord.). **Questões processuais do novo Código Civil**. Barueri: Manole, 2006, p. 339-341.

[217] Serpa Lopes, **Miguel Maria de. Curso de direito civil** (v. 3). 4. ed. Rio de Janeiro: Freitas Bastos, 1991, p. 109.

[218] Theodoro Neto resume o entendimento acerca da oponibilidade como: "Apesar de o terceiro não possuir nenhum direito de crédito nem responsabilidade em razão de um contrato

situações em que os efeitos internos do contrato extrapolarem e atingirem direitos de terceiros é que se pode falar, de fato, em mitigação ao princípio da relatividade.

Segundo afirma Coelho, é impossível que um contrato seja firmado por alguém que não faz parte dele, isso decorre da autonomia privada. Nas suas palavras:

> (...) outra decorrência da autonomia privada é a impossibilidade de um contrato criar obrigações para quem não é parte dele. Denomina-se princípio da relatividade à regra que obstaculiza a extrapolação dos efeitos atinentes à criação de obrigação para além dos próprios contratantes. Quem, por exemplo, promete fato de terceiro obriga-se a indenizar o declaratário se o prometido não for executado (CC, art. 439), exatamente porque os efeitos obrigacionais do contrato são limitados aos contratantes. Dois sujeitos podem, por contrato, criar direitos a terceiros estranhos à relação contratual. O segurado dum seguro de vida por morte deve indicar o beneficiário da prestação em caso de sinistro. Esse beneficiário não é parte do contrato de seguro, mas terá, em razão dele, direito de crédito perante a seguradora no caso de falecimento do segurado. Qualquer contrato pode ser celebrado com o objetivo de gerar direitos a terceiros (CC, art. 467). No tocante às vantagens, portanto, os efeitos do contrato podem afetar patrimônio de sujeito não contratante. No que diz respeito à criação de obrigações, porém, os efeitos são restritos aos contratantes. Ninguém pode ser obrigado por

no qual não figura como parte, ele tem o dever orientá-lo e não pode agir como se ignorasse sua existência e seus efeitos jurídicos". THEODORO NETO, Humberto. **Efeitos externos do contrato**: direitos e obrigações na relação entre contratantes e terceiros. Rio de Janeiro: Forense, 2007, p. 62. Continua o autor informando que "certo é que o princípio da relatividade dos efeitos do contrato também no direito brasileiro deve ser visto com temperamento. Não há razão para, entre nós, tomarmos o seu conteúdo em sentido absoluto. Deve-se fazer a distinção hoje já admitida alhures entre efeitos obrigatórios e oponibilidade. O princípio da relatividade refere-se somente aos efeitos obrigatórios, ou internos, do contrato. Mas do contrato nasce também uma situação jurídica oponível aos terceiros e pelos terceiros. Essa oponibilidade é decorrência lógica e necessária do simples fato da existência jurídica e natural da convenção, portanto, irrecusável. É o que os direitos e obrigações emergentes do contrato vinculam, ativa ou passivamente, a esfera patrimonial dos contratantes, citando bens em sentido lato, que terceiros não podem agredir ou desprezar, além de o contrato ser um 'fato social' que, uma vez do conhecimento de outrem, não pode mais ter seus efeitos simplesmente ignorados." THEODORO NETO, Humberto, Op. cit., p. 152.

> declaração de vontade alheia — este é outro desdobramento da autonomia privada. A ordem jurídica reconhece o poder de os próprios titulares dos interesses disporem acerca deles mediante acordo, mas não o de obrigar terceiros estranhos à negociação.[219]

Da mesma forma, para Anderson Schreiber,

> (...) o equilíbrio contratual precisa passar a ser tratado efetivamente como princípio, o que oferece importante potencialidade para a releitura de todo o direito dos contratos. Assim, conquanto lesão e estado de perigo – institutos já estudados – ofereçam alternativas disciplinadas pelo legislador para encarar o desequilíbrio contratual originário sob a ótica de um defeito do negócio jurídico (fonte de anulabilidade), não consistem nos únicos remédios disponíveis para o enfrentamento do problema. O mesmo se deve dizer em relação ao desequilíbrio contratual superveniente, que não encontra na resolução e revisão por onerosidade excessiva sua única solução. Um princípio do equilíbrio contratual, que se queira chamar efetivamente de princípio, precisa ter algum papel além das normas regulamentares já dispostas pelo legislador.[220]

Entretanto, muito se fala, diante disso, a respeito da mitigação da relatividade dos efeitos dos contratos, especialmente diante das influências sociais que as relações contratuais possam apresentar, nomeadamente das extensões de seus efeitos perante terceiros.

Importante destacar que o próprio ordenamento jurídico especificou hipóteses em que o terceiro pode sofrer as consequências e os efeitos dos contratos, sendo a estipulação em favor de terceiro (artigos 436 a 438, do CC/2002); a promessa de fato de terceiro (artigos 439 e 440, do CC/2002), contrato com pessoa a declarar (artigos 467 a 471, do CC/2002), dentre outras possibilidades previstas pela própria doutrina como no caso da tutela externa do crédito. Contudo, crítica feita pela doutrina apresenta somente a estipulação em favor de terceiro como a inequívoca mitigação da relatividade dos efeitos dos contratos, isto, porque "é necessário o consentimento do terceiro para que venha a vincu-

[219] Coelho, op. cit., p. 78.

[220] Schreiber, Anderson. **Manual de direito civil contemporâneo**. 3 ed. São Paulo: Saraiva, 2020, p. 609.

lar-se ao negócio, não havendo, portanto, extensão dos efeitos internos do contrato a pessoas que não o formaram ou vieram a fazer parte dele sem manifestação de vontade"[221].

Inicialmente, pela estipulação em favor de terceiro (art. 436 a 438 do CC), o contrato atinge um terceiro que não foi parte, podendo exigir o seu cumprimento, em se tratando de típico exemplo dos efeitos exógenos do contrato (de dentro para fora do contrato)[222]. Por este instituto, um dos contratantes vincula o outro partícipe da relação contratual a satisfazer a obrigação, mas em favor de uma terceira pessoa, alheia à relação jurídica originária. Assim, evidente, aquele que estipula em favor de terceiro pode exigir o cumprimento da obrigação (art. 436 do CC).

Exemplo disso é o que ocorre com contrato de seguro de vida, no qual o terceiro indicado pelo segurado consta como beneficiário dessa relação inicial. É o que se chama de contrato bifásico: (i) na primeira fase dessa relação, temos segurado e seguradora como integrantes principais, sendo o terceiro apenas o beneficiário, ou como mero objeto de direito; (ii) na segunda fase, a relação figura entre seguradora e beneficiário, no qual o terceiro será chamado para integrar a relação jurídica contratual, deixando de ser objeto do contrato para ser efetivo sujeito de direito.

Outra exceção é a chamada promessa de fato de terceiro (arts. 439 e 440 do CC), hipótese em que uma conduta de terceiro que não é parte integrante da relação jurídica contratual repercute no contrato, o que pode gerar, inclusive, o seu inadimplemento. São chamados de efeitos endógenos, ou seja, são atos tomados por quem está de fora da relação, que atingem a relação interna do dentro (efeitos de fora para dentro).

[221] MAZZEI, Rodrigo. O princípio da relatividade dos efeitos contratuais e sua mitigação. **Revista Argumentum**, Marília, n. 8, p. 135-168, jan.-jul. 2008. Disponível em: http://ojs.unimar.br/index.php/revistaargumentum/article/viewFile/884/531, Acesso em: 7 ago. 2020.

[222] Tartuce faz interessante observação ao indicar que os efeitos do contrato em relação ao terceiro podem ser exógenos ("de dentro para fora do contrato") ou endógenos ("de fora para dentro do contrato"). Cita como exemplo de situação exógena a estipulação em favor de terceiros (art. 436 do Código Civil), pois o terceiro pode exigir o cumprimento do contrato. Para a caracterização da situação endógena, o prestigiado jurista cita a promessa de fato de terceiro (arts. 439-440 do Código Civil), pois nesse exemplo a conduta do terceiro repercute diretamente no vínculo contratual firmado entre os 'contratantes'. (TARTUCE, Flávio. **Direito Civil**: teoria geral dos contratos e contratos em espécie. 14. ed. Rio de Janeiro: Forense, 2019, p. 114-115).

Por exemplo, é o caso de um promotor de eventos que celebra contrato com determinada empresa para a realização de show de um cantor famoso e este não comparece, consubstanciando o inadimplemento contratual. Nesse caso, (i) na primeira fase, temos a relação existente entre promitente e contratante, e (ii) na segunda, a relação entre contratante e terceiro.

Tem-se, ainda, o contrato com pessoa a declarar (arts. 467 a 471), situação que ocorre quando, no momento da conclusão do contrato, uma das partes reservar-se a faculdade de indicar uma terceira pessoa, que deverá adquirir os direitos e assumir as obrigações do contrato decorrentes. Essa indicação deve ser comunicada à outra parte no prazo de cinco dias da conclusão do contrato, se outro prazo não tiver sido estipulado (reflexo direto da boa-fé objetiva).

Desta forma, a pessoa nomeada no momento da constituição da relação contratual adquire os direitos e assume as obrigações decorrentes do contrato, a partir do momento em que este foi celebrado (art. 469 do CC). Assim, o contrato será eficaz somente entre os contratantes originários (i) se não houver a indicação de pessoa, ou se o nomeado se recusar a aceitá-la; ou (ii) se a pessoa nomeada era insolvente, e a outra pessoa o desconhecia no momento da indicação (art. 470 do CC).

Ainda, considera-se como excepcionalidade aos efeitos dos contratos os consumidores por equiparação ou consumidores *bystandard* (arts 17 e 29 do CDC). Neste caso, todos os prejudicados pelo evento, mesmo não tendo relação direta de consumo com o prestador ou fornecedor, podem ingressar com ação fundada no Código de Defesa do Consumidor, visando à responsabilização objetiva do causador do dano. Exemplo disso é a hipótese do roubo de identidade, em que o bandido abre uma conta em determinado banco, emite cheques sem fundo, faz empréstimo em nome do cliente. Mesmo não havendo relação de consumo direta com a instituição financeira, o prejudicado será considerado consumidor e beneficiar-se-á das regras da relação consumerista[223].

[223] Nesse sentido: "Tratando-se de consumidor direto ou por equiparação, a responsabilidade da instituição financeira por fraudes praticadas por terceiros, das quais resultam danos aos consumidores, é objetiva e somente pode ser afastada pelas excludentes previstas no CDC, como por exemplo, culpa exclusiva da vítima ou de terceiro". (STJ – REsp. 1.1199.782, jul., sob o rito do artigo 543-C, rel. Min. Luis Felipe Salomão, SEGUNDA SEÇÃO, julgado em 24/08/2011, DJe 12/09/2011)

Outra hipótese é a chamada tutela externa do crédito (correlacionada diretamente com a função social do contrato), no qual a violação do crédito por pessoas estranhas à relação contratual é amplamente defendida por uma forma de reparação de danos que são causadas por este tipo de ilícito. Dessa maneira, aquele que aliciar pessoas obrigadas em contrato escrito a prestar serviço a outrem pagará a este a importância que ao prestador de serviço, pelo ajuste desfeito, houvesse de caber durante dois anos. Exemplo conhecido disso é aquele de determinada cervejaria que alicia famoso cantor de pagode enquanto este mantinha relação contratual com outra cervejaria, sendo certo que há a necessidade de se respeitar a relação contratual estabelecida, vedado o aliciamento por terceiros estranhos à relação, sob pena de violação da boa-fé exigida à própria manutenção lídima da relação contratual.

Assim, temos o Enunciado nº 21 da I Jornada de Direito Civil do CJF/STJ: "A função social do contrato, prevista no art. 421 do novo Código Civil, constitui cláusula geral a impor a revisão do princípio da relatividade dos efeitos do contrato em relação a terceiros, implicando a tutela externa do crédito".

### 6.2.4 O consensualismo

Esse princípio é muito relevante e conexo aos demais que já foram abordados e, ainda, interligados aos que serão tratados a seguir. Sua base está ligada, antes de tudo, ao consenso, ao acordo de vontades e mútua compreensão de que a realização do negócio jurídico é interessante para ambas as partes.

Portanto, o contrato se perfaz pelo consentimento das partes, "indépendamment de toutes les règles sur les preuves"[224].

As regras têm sua relevância, mas, em verdade, não são o fundamento pontual do fechamento do negócio jurídico, mas, sim, o consenso existente ente as partes, seja pela existência de paridade ou não na formação do contrato.

Esse consenso[225] que se traduz na ideia de acordo de vontades, que se dá por intermédio de um diálogo efetivo entre as partes contratantes, é

[224] PAGE, op. cit., p. 432.

[225] Vejamos a menção feita pelo jurista Gonçalves, verbis: "De acordo com o princípio do consensualismo, basta, para o aperfeiçoamento do contrato, o acordo de vontades, contra-

o requisito que aperfeiçoa o contrato, que lhe dá a qualidade de contrato, para que possam, por consectário, gerar seus legais e jurídicos efeitos.

Nessa linha, Pablo Stolze vem arguindo ser o contrato um fenômeno eminentemente voluntarista[226], ou seja, que depende, sempre, da manifestação de vontade dos sujeitos contratantes.

Deve-se ressaltar que as orientações, em relação a esse princípio, são variadas, tendo, de um lado majoritário da doutrina, comandada pelo jurista Caio Mário, no sentido de que o princípio do consensualismo é totalmente distinto do da autonomia da vontade, restando, por outro lado, a ideia de alguns, como Pablo Stolze, que ambos os princípios se fundem em um só.

Como se percebe, neste trabalho, parte-se da orientação adotada pelo doutrinador Caio Mário, no sentido de que os princípios são, efetivamente, separados, embora guardem íntima ligação.

Também podemos trazer as contribuições jurígenas esposadas por Carlos Alberto Bittar, vejamos:

> Sendo o contrato corolário natural da liberdade e relacionado à força disciplinadora reconhecida à vontade humana, tem-se que as pessoas gozam da faculdade de vincular-se pelo simples consenso, fundadas, ademais, no princípio ético do respeito à palavra dada e na confiança recíproca que as leva a contratar.[227]

Assim, não há maiores dificuldades com esse princípio, que é decorrência pura da livre manifestação de vontade dos contratantes, que, ao consentirem com as peculiaridades da negociação, cumprem com as determinações deste princípio.

### 6.2.5 A boa-fé objetiva

Com a nova codificação civil que se deu em 2002, foi implantada a ideia de boa-fé, tanto a subjetiva quanto a objetiva, sendo esse princípio a

pondo-se ao formalismo e ao simbolismo que vigoravam em tempos primitivos. Decorre ele da moderna concepção de que o contrato resulta do consenso, do acordo de vontades, independentemente da entrega da coisa". (Gonçalves, op. cit., p. 25)

226 Gagliano; Pamplona Filho, op. cit., p. 34.

227 Bittar, Carlos Alberto. **Curso de direito civil**. Vol. 1. Rio de Janeiro: Forense Universitária, 1994, p. 455.

base para o Direito do consumidor e o Direito privado[228]. No âmbito contratual a aplicação é objetiva, que independe, em verdade, do plano de consciência.

Este princípio, que foi previsto no Código Civil de 2002, já estava positivado no Código de Defesa do Consumidor, no art. 4º, III, relativamente à política nacional de consumo e, no art. 51, IV, quanto às cláusulas abusivas.

Como se percebe, esse é o princípio-chave para a negociação coerente, pois a intenção do legislador foi, sim, trazer a noção de probidade, honestidade e lealdade[229] nas contratações. Seguindo esse entendimento, a III Jornada de Direito civil do CJF editou o Enunciado n. 168, o qual aduz que: "O princípio da boa-fé objetiva importa no reconhecimento de um direito a cumprir em favor do titular passivo da obrigação.". O Superior Tribunal de Justiça também seguiu essa linha de raciocínio:

> DIREITO COMERCIAL E BANCÁRIO. CONTRATOS BANCÁRIOS SUJEITOS AO CÓDIGO DE DEFESA DO CONSUMIDOR. PRINCÍPIO DA BOA-FÉ OBJETIVA. COMISSÃO DE PERMANÊNCIA. VALIDADE DA CLÁUSULA. VERBAS INTEGRANTES. DECOTE DOS EXCESSOS. PRINCÍPIO DA CONSERVAÇÃO DOS NEGÓCIOS JURÍDICOS. ARTIGOS 139 E 140 DO CÓDIGO CIVIL ALEMÃO. ARTIGO 170 DO CÓDIGO CIVIL BRASILEIRO.
>
> 1. O princípio da boa-fé objetiva se aplica a todos os partícipes da relação obrigacional, inclusive daquela originada de relação de consumo. No que diz respeito ao devedor, a expectativa é a de que cumpra, no vencimento, a sua prestação.
>
> (...)

[228] Miragem, Bruno. **Direito do consumidor**: fundamentos do direito do consumidor. São Paulo: Revista dos Tribunais, 2008, p. 71.

[229] Segundo a jurista Judith Martins-Costa, a fórmula Treu und Glauben demarca o universo da boa-fé obrigacional proveniente da cultura germânica, traduzindo conotações totalmente diversas daquelas que marcaram o direito romano: ao invés de denotar a ideia de fidelidade ao pactuado, como numa das acepções da fides romana, a cultura germânica inseriu, na fórmula, as ideias de lealdade (Treu ou Treue) e crença (Glauben ou glaube), as quais se reportam a qualidades ou estados humanos objetivados. (Martins-Costa, Judith. **A boa-fé no direito privado**. São Paulo: Revista dos Tribunais, 2000, p. 124.)

6. Recurso especial conhecido e parcialmente provido[230].

Assim como diz Caio Mário, o princípio da boa-fé é cláusula geral de observância obrigatória[231], que contém conceito jurídico indeterminado, o que lhe dificulta, sobremaneira, a conceituação[232].

Realmente, frente à dificuldade de conceituação desse instituto, e a hipercomplexidade[233] vivenciada, socorremo-nos da lição precisa de Antônio Manoel da Rocha e Menezes Cordeiro, arguindo que:

> O direito obriga, então, a que, nessas circunstâncias, as pessoas não se desviem dos propósitos que, em ponderação social, emerjam da situação em que se achem colocadas: não devem assumir comportamentos que a contradigam – deveres de lealdade – nem calar ou falsear a atividade intelectual externa que forma a convivência humana – deveres de informação. Embora as estrutura e teleologia básicas sejam as mesmas, advinham-se a presença de concretizações diversas, consoante os fatos que lhes deem origem.[234]

A boa-fé[235], parindo dessa análise, é princípio que valoriza, por demais, a atuação negocial proba, que respeite a ética[236] e a lealdade, o que atribui ao negócio jurídico maior segurança, tanto em sua elaboração quanto em sua conclusão[237], o que traz aos contratantes mais

[230] REsp 1063343/RS, Rel. Ministra Nancy Andrighi, Rel. p/ Acórdão Ministro João Otávio de Noronha, SEGUNDA SEÇÃO, julgado em 12/08/2009, DJe 16/11/2010.

[231] Neste sentido são os enunciados n. 26 e 27, da I Jornada de Direito Civil, do Conselho da Justiça Federal: Enunciado n. 26: A cláusula geral contida no art. 422 do novo Código Civil impõe ao juiz interpretar e, quando necessário, suprir e corrigir o contrato segundo a boa-fé objetiva, entendida como a exigência de comportamento leal dos contratantes.; Enunciado n. 27: Na interpretação da cláusula geral da boa-fé, deve-se levar em conta o sistema do Código Civil e as conexões sistemáticas com outros estatutos normativos e fatores metajurídicos.

[232] Pereira, op. cit.

[233] Negreiros, Teresa. **Teoria do contrato**: novos paradigmas. Rio de janeiro: Renovar, 2002.

[234] Cordeiro, Antônio Manoel da Rocha e Menezes. **Da boa-fé objetiva no direito civil**. Coimbra: Almedina, 2001, p. 646.

[235] Wieacker, Franz. **El principio general de la buena fe**. Madrid: Civitas, 1977, p. 35 e ss.

[236] Gonçalves, op. cit., p. 34.

[237] Vide o Enunciado n. 170 (III Jornada de Direito Civil do CJF): "A boa-fé objetiva deve ser observada pelas partes na fase de negociações preliminares e após a execução do contrato, quando tal exigência decorrer da natureza do contrato.".

tranquilidade para aguardar da outra parte contratante o que era de seu dever e responsabilidade, como bem também explica Pablo Stolze e Rodolfo Pamplona[238].

O Superior Tribunal de Justiça possui vasto arcabouço jurisprudencial sobre a boa-fé objetiva; no entanto, coleciona apenas duas decisões que reputamos ser destaque entre elas:

> RECURSO ESPECIAL - NEGATIVA DE PRESTAÇÃO JURISDICIONAL - OMISSÃO - NÃO-OCORRÊNCIA - AÇÃO DE OBRIGAÇÃO DE FAZER - CONTRATO DE SEGURO DE VIDA - RESILIÇÃO UNILATERAL - IMPOSIÇÃO PARA READAPTAÇÃO A NOVAS PROPOSTAS - ABUSIVIDADE DA CLÁUSULA - OCORRÊNCIA, NA ESPÉCIE - PRECEDENTE DA SEGUNDA SEÇÃO DO STJ - RECURSO IMPROVIDO.
> I – Não se verifica a alegada violação do artigo 535 do Código de Processo Civil, porquanto a questão relativa à licitude da cláusula contratual que contempla a não renovação do contrato de seguro de vida foi apreciada de forma clara e coerente, naquilo que pareceu relevante à Turma Julgadora a quo;
> II – A pretensão da seguradora de modificar abruptamente as condições do seguro, não renovando o ajuste anterior sob as mesmas bases, ofende os princípios da boa fé objetiva, da cooperação, da confiança e da lealdade que deve orientar a interpretação dos contratos que regulam relações de consumo;
> III – Recurso especial improvido[239].

> RECURSO ESPECIAL. DIREITO CAMBIÁRIO. AÇÃO DECLARATÓRIA DE NULIDADE DE TÍTULO DE CRÉDITO. NOTA PROMISSÓRIA. ASSINATURA ESCANEADA. DESCABIMENTO. INVOCAÇÃO DO VÍCIO POR QUEM O DEU CAUSA. OFENSA AO PRINCÍPIO DA BOA-FÉ OBJETIVA. APLICAÇÃO DA TEORIA DOS ATOS PRÓPRIOS SINTETIZADA NOS BROCARDOS LATINOS 'TU QUOQUE' E 'VENIRE CONTRA FACTUM PROPRIUM'.

[238] GAGLIANO; PAMPLONA FILHO, op. cit., p. 110.

[239] REsp 1105483/MG, Rel. Ministro MASSAMI UYEDA, TERCEIRA TURMA, julgado em 10/05/2011, DJe 23/05/2011.

> 1. A assinatura de próprio punho do emitente é requisito de existência e validade de nota promissória.
> 2. Possibilidade de criação, mediante lei, de outras formas de assinatura, conforme ressalva do Brasil à Lei Uniforme de Genebra.
> 3. Inexistência de lei dispondo sobre a validade da assinatura escaneada no Direito brasileiro.
> 4. Caso concreto, porém, em que a assinatura irregular escaneada foi aposta pelo próprio emitente.
> 5. Vício que não pode ser invocado por quem lhe deu causa.
> 6. Aplicação da 'teoria dos atos próprios', como concreção do princípio da boa-fé objetiva, sintetizada nos brocardos latinos 'tu quoque' e 'venire contra factum proprium', segundo a qual ninguém é lícito fazer valer um direito em contradição com a sua conduta anterior ou posterior interpretada objetivamente, segundo a lei, os bons costumes e a boa-fé 7. Doutrina e jurisprudência acerca do tema.
> 8. Recurso especial desprovido[240].

A boa-fé objetiva, que é a determinante na relação contratual, diz respeito à norma de comportamento, que é aplicável a todos, e não a formas de condutas individualizadas, como ocorre com a boa-fé subjetiva.

Na boa-fé objetiva[241], que está prevista em nosso Código Civil Brasileiro no art. 422, também é por alguns entendida como forma de agir em conformidade com padrões sociais estabelecidos e reconhecidos[242], o que propiciará a maior possibilidade de êxito na contratação efetivada.

Não bastasse essa análise, vem, ainda, a douta jurista Marques a referir que "o princípio da boa-fé objetiva é, portanto, um princípio limitador do princípio da autonomia da vontade e um elemento criador de novos deveres contratuais, que deve contar, para sua maior efetividade, com sua previsão legal específica[243]".

[240] REsp 1192678/PR, Rel. Ministro Paulo de Tarso Sanseverino, TERCEIRA TURMA, julgado em 13/11/2012, DJe 26/11/2012.

[241] Diz Pereira que "A boa-fé objetiva não diz respeito ao estado mental subjetivo do agente, mas sim ao comportamento em determinada relação jurídica de cooperação. O seu conteúdo consiste em um padrão de conduta, variando as suas exigências de acordo com a ralação existente entre as partes". (Pereira, op. cit., p. 20.)

[242] Venosa, Sílvio de Salvo. **Direito civil**: teoria geral das obrigações e teoria geral dos contratos. 6 ed. São Paulo: Atlas, 2006, p. 376.

[243] Marques, Claudia Lima. **Contratos no código de defesa do consumidor**: o novo regime das relações contratuais. 4 ed. São Paulo, Revista dos Tribunais, 2002, p. 203.

Por isso o princípio da boa-fé objetiva é, além de princípio ético, de lealdade e de probidade na negociação, também, limitador ao próprio princípio da autonomia da vontade[244], pois as vontades dos contratantes devem estar de acordo com a probidade, ética e lealdade, que assegurarão a validade da manifestação de vontade, sendo o ponto de equilíbrio que permite, ainda hoje, a aplicação da autonomia da vontade.

A manifestação das partes, por tudo isso, deve respeitar a boa-fé[245], neste caso em que analisamos; nos contratos, a boa-fé objetiva, para que os contratos tenham autonomia e sejam vinculativos gerando a confiança[246].

Por tudo isso é que esse princípio é elencado, por alguns, como o primordial em relação à norma determinação legal. Esse princípio deve ser mantido e muito respeitado para que as negociações sejam corretas.

É certo e reconhecido doutrinariamente que a boa-fé objetiva, ao lado da função social, como visto anteriormente, constituem cláusulas gerais colocadas pelo legislador para que seja preenchida pelo intérprete. Dessa forma, para possibilitar a identificação desse princípio, é necessário verificar as três funções conferidas pela lei para a boa-fé objetiva: (i) a função de interpretação; (ii) a função de controle, e (iii) a função de integração dos contratos.

(i) Função de interpretação (art. 113 do CC): pela função de interpretação, temos que os negócios jurídicos devem ser sempre interpretados conforme a boa-fé e os usos do lugar de sua celebração.

Neste caso, conforme redação e acréscimo conferidos pela Lei da Liberdade Econômica ao art. 113, temos que a interpretação do negócio jurídico deve ser realizada de maneira a lhe atribuir o sentido que for

Observe-se ainda a ideia trazida por PEZZELLA, Maria Cristina Cereser. **A eficácia jurídica na defesa do consumidor**: o poder do jogo na publicidade – um estudo de caso. Porto Alegre, Livraria do Advogado, 2004, p. 126-131.

[244] Observe o que fixou o Conselho de Justiça Federal no Enunciado 139, da III Jornada de Direito Civil, *in verbis*: "Os direitos da personalidade podem sofrer limitações, ainda que não especificamente previstas em lei, não podendo ser exercidos com abuso de direito de seu titular, contrariamente à boa-fé objetiva e aos bons costumes.".

[245] BENJAMIN, Antônio Herman de Vasconcelos; MARQUES, Claudia Lima; BESSA, Leonardo Roscoe. **Manual de direito do consumidor.** São Paulo: Revista dos Tribunais, 2007, p. 57. MATIELLO, Fabrício Zamprogna. **Código Civil comentado.** 2 ed. São Paulo: LTr, 2005, p. 283.

[246] LOUREIRO, Luiz Guilherme. **Curso completo de direito civil.** São Paulo: Método, 2007, p. 349.

confirmado pelo comportamento das partes, posterior à celebração do negócio; corresponder aos usos, costumes e práticas do mercado relativas ao tipo de negócio; corresponder à boa-fé; for mais benéfico à parte que não redigiu o dispositivo, se identificável; corresponder a qual seria a razoável negociação das partes sobre a questão discutida, inferida das demais disposições do negócio e da racionalidade econômica das partes, consideradas as informações disponíveis no momento de sua celebração.

(ii) Função de controle (art. 187 do CC): por esta função, a boa-fé serve para controlar a atitude e o comportamento das partes dentro da relação jurídica contratual, especialmente ao equiparar ao ato ilícito a prática de ato pelo titular de um direito legítimo que, ao exercê-lo, excede manifestamente os limites impostos pelo seu fim econômico ou social, pela boa-fé ou pelos bons costumes.

(iii) Função de integração dos contratos (art. 422 do CC): por fim, a função de integração dos contratos surge para obrigar os contratantes a guardar, assim na conclusão do contrato, como em sua execução, os princípios de probidade e da boa-fé.

Neste caso, veja-se o Enunciado nº 170 da III Jornada de Direito Civil do CJF/STJ: "A boa-fé objetiva deve ser observada pelas partes na fase de negociações preliminares e após a execução do contrato, quando tal exigência decorrer da natureza do contrato".

Essa função pode se refletir mediante alguns institutos inseridos no próprio Código Civil, bem como em outros apresentados pelo amplo estudo doutrinário sobre o tema.

Primeiramente, identificam-se os institutos da *supressio* e da *surrectio* como os principais elementos dessa função de integração da boa-fé objetiva, sendo a *supressio* identificada como a supressão ou perda de um direito ou de uma posição jurídica assumida pela parte, por renúncia tácita ou pelo seu não exercício com o passar dos tempos, nos termos do art. 330 do Código Civil, estabelecendo que "o pagamento reiteradamente feito em outro local faz presumir renúncia do credor relativamente ao previsto no contrato".

Ao contrário da *supressio*, a *surrectio*, neste caso, representa o surgimento ou a criação de um direito anteriormente não firmado pela parte, diante de práticas reiteradas, bem como pelos usos e costumes. São duas faces de uma mesma moeda, enquanto ocorrer para uma parte a perda de um direito pelo não uso durante considerável decurso do tempo, a contrário senso e consequentemente, surgirá para a parte contrária, nessa mesma relação, a criação de um direito.

Outro instituto correlacionado à boa-fé objetiva é aquele chamado de *tu quoque* (termo originado da frase atribuída a Julio César: *"Tu quoque, Brute, fili mi?"*), ou, ainda, chamada de *the appeal to hypocrisy*, situação que ocorre quando um contratante, que violou uma norma jurídica, não poderá, sem a caracterização do abuso de direito, aproveitar-se dessa situação anteriormente criada pelo desrespeito, especialmente visando a prejudicar a parte contrária. Proíbe-se, pois, que um contratante faça contra o outro o que não faria contra si mesmo, ainda mais quando o comportamento está marcado pelo ineditismo ou pela surpresa. Exemplo conhecido desse instituto é a aplicação da teoria da aparência em contratos empresariais, ou seja, o reconhecimento de uma relação como verdadeira, quando somente se apresenta ou se aparenta como uma efetiva relação real[247].

Ainda, pela *exceptio doli (specialis ou generalis)*, tem-se como sendo a defesa do réu contra ações dolosas praticadas pelo autor (ou pela parte contrária), violando a boa-fé objetiva e revelando a conduta eivada de

[247] AGRAVO INTERNO NO AGRAVO EM RECURSO ESPECIAL. JUÍZO DE ADMISSIBILIDADE. EXAME RELACIONADO AO MÉRITO DO RECURSO ESPECIAL PELO TRIBUNAL DE ORIGEM. POSSIBILIDADE. AÇÃO DE COBRANÇA. CUMPRIMENTO DE SENTENÇA. CITAÇÃO. PESSOA JURÍDICA. VALIDADE. TEORIA DA APARÊNCIA. CONSONÂNCIA DO ACÓRDÃO RECORRIDO COM A JURISPRUDÊNCIA DESTA CORTE. SÚMULA 83/STJ. INEXIGIBILIDADE DA OBRIGAÇÃO PRINCIPAL. INOVAÇÃO RECURSAL. INVIABILIDADE. AGRAVO NÃO PROVIDO. 1. Não há usurpação de competência do Superior Tribunal de Justiça quando o Tribunal de origem, no juízo de admissibilidade, examina pressupostos específicos e constitucionais relacionados ao mérito da controvérsia (Súmula 123/STJ). 2. A jurisprudência do Superior Tribunal de Justiça é firme no sentido da validade da citação de pessoa jurídica por via postal, quando remetida a carta citatória para o seu endereço, independentemente da assinatura no aviso de recebimento (A.R.) e do recebimento da carta terem sido efetivados por seu representante legal. Precedentes. 3. O entendimento adotado pelo acórdão recorrido coincide com a jurisprudência assente desta Corte Superior, circunstância que atrai a incidência da Súmula 83/STJ. 4. No caso, os 2 (dois) avisos de recebimento (AR) enviados para o endereço da promovida, no intervalo de 8 (oito) meses entre ambos, foram recebidos pela mesma pessoa que a recorrente afirma desconhecer. 5. Não se admite a adição, em sede de agravo interno, de tese não exposta no recurso especial, por importar inadmissível inovação. 6. Agravo interno a que se nega provimento. (STJ – AgInt no AREsp 1357895/SP, Rel. Ministro Raul Araújo, QUARTA TURMA, julgado em 07/02/2019, DJe 20/02/2019)

evidente má-fé. Também chamada de função reativa. É o que ocorre com o art. 940 do CC, na demanda proposta por dívida já paga: "aquele que demandar por dívida já paga, no todo ou em parte, sem ressalvar as quantias recebidas ou pedir mais do que for devido, ficará obrigado a pagar ao devedor, no primeiro caso, o dobro do que houver cobrado e, no segundo, o equivalente do que dele exigir, salvo se houver prescrição".

Ainda, talvez o mais conhecido dos institutos da função de integração da boa-fé objetiva seja o *venire contra factum proprium non potest*. Por este instituto, especifica-se que determinada pessoa vinculada à relação contratual não pode exercer um direito próprio contrariando um comportamento anteriormente praticado, violando direito alheiro, conforme art. 187 do CC, devendo ser mantida a confiança e o dever de lealdade, também decorrentes de boa-fé objetiva e depositados pelo outro contratante, quando da formação dos contratos. *Verbi gratia*, a quitação de um contrato fornecido pela empresa, não pode posteriormente alegar o inadimplemento contratual.

São pressupostos desse instituto: (a) a existência de um fato próprio ou conduta inicial lícita da parte contratante; (b) a legítima confiança da outra parte na conservação do sentido objetivo da conduta; (c) um posterior comportamento contraditório com este sentido objetivo, de maneira injustificada, e (d) um dano ou um potencial de dano decorrente da contradição.

Assim, conforme o Enunciado nº 362 da IV Jornada de Direito Civil do CJF/STJ, "a vedação do comportamento contraditório (*venire contra factum proprium*) funda-se na proteção da confiança, tal como se extrai dos arts. 187 e 422 do Código Civil".

Finalmente, como último instituto de integração da boa-fé objetiva, temos o *duty to mitigate the loss* (ou dever de mitigação do prejuízo), resultante do posicionamento a ser adotado pelo interessado na relação contratual, como o credor, assumindo o dever jurídico de evitar ou de mitigar um prejuízo causado. Um claro exemplo ocorre no contrato de locação inadimplido, cabendo ao credor (locador) propor a ação de despejo assim que se evidenciar o não pagamento e não ficar silente, esperando o prejuízo cada vez mais se agravar.

Tema esse objeto do Enunciado nº 169 da III Jornada de Direito Civil do CJF/STJ: "princípio da boa-fé objetiva deve levar o credor a evitar o agravamento do próprio prejuízo".

Ainda, o Enunciado nº 24 da I Jornada de Direito Civil do CJF/STF informa que "em virtude do princípio da boa-fé, positivado no art. 422 do novo Código Civil, a violação dos deveres anexos constitui espécie de inadimplemento, independentemente de culpa".

## 6.3 A função social do contrato

A função social[248] é um dos princípios de extrema relevância no estudo da teoria geral dos contratos. Além de proporcionar uma releitura da autonomia privada[249], atribui uma leitura constitucional do contrato, exigindo que ele, além das vontades das partes, garanta que não haverá prejuízos a direitos fundamentais das partes, ou seja, há um interesse da própria sociedade no objeto do contrato firmado entre particulares. É nesse sentido que Borda aduz sobre a necessidade de a sociedade fiscalizar certos contratos firmados entre particulares para eles não perturbem a pacífica convivência social[250].

Não é diferente o que o Código Civil Brasileiro, em seu art. 421 (especialmente, após a redação da pela Lei da Liberdade Econômica – Lei nº 13.874/2019), determina que a liberdade contratual será exercida nos limites da função social do contrato; no entanto, é necessário destacar o que seria a função social do contrato[251]. Parte da doutrina entende que a função social do contrato está atrelada à máxima de que o inte-

[248] Vale observar o significado da palavra "função" e da palavra "social". De acordo com Houaiss, "função" significa "obrigação a cumprir, pelo indivíduo ou por uma instituição". E "social" adjetiva o que é "concernente à sociedade", "relativo à comunidade, ao conjunto dos cidadãos de um país", tudo isso nos leva a compreender, de forma mais apurada, qual seja a conceituação das palavras, o que nos ajudará a entender melhor o instituto. Vide: Houaiss, Antônio (et al). **Dicionário Houaiss da língua portuguesa**. Rio de Janeiro: Objetiva, 2001, p. 1402. Mais recentemente, observe-se a obra de Santiago, Mariana Ribeiro. **Princípio da função social do contrato**. 2. ed. Estado: Juruá Editora, 2008.

[249] "La política del dirigismo contractual sustituye así antiguo dogma de la rapidez del contrato por el nuevo standard e de su flexibilidad". (Josserand, Luis. **Derecho civil**: teoría general de las obligaciones (t. I, v. I). 3 ed. Trad. André Brun. Buenos Aires: Bosch y Cia., 1959, p. 287.)

[250] "La experiencia social ha puesto de manifiesto que no es posible dejar librados ciertos contratos al libre juego de la voluntad de las partes sin perturbar la pacífica convivencia social". Borda, Guillermo A. **Manual de contractos**. 19. ed., Buenos Aires: Abeledo Perrot, 2000, p. 16.

[251] Enunciado 23 da I Jornada de Direito Civil – "A função social do contrato, prevista no art. 421 do novo Código Civil, não elimina o princípio da autonomia contratual, mas atenua ou

resse coletivo sempre estará acima do interesse individual, com isso, teríamos a valorização máxima do princípio da solidariedade e da cooperação entre os contraentes.

Nessa ótica, a função social do contrato teria como objeto assegurar a igualdade entre as partes, não permitindo que houvesse qualquer tipo de sobreposição de vantagens em relação à parte hipossuficiente técnica e economicamente. Ter-se-ia uma ideia de igualdade solidária, ou seja, todos que desejam celebrar um contrato deveriam ter assegurado o direito de paridade de armas e em igualdade de condições, com isso, a função social do contrato estaria, supostamente, alcançada.

Posto isso, é necessário se fazer algumas reflexões a respeito da existência e necessidade do contrato.

O contrato é um instrumento que permite que as partes com pensamentos e desejos antagônicos possam, a partir do consenso e da busca por um "denominador comum", distribuir, trocar ou vender riquezas. Diante disso, é impossível esperar que duas partes que possuam desejos antagônicos, vontades conflitantes e situação dissonantes entre si possam ficar em posições de exigência mútua, para celebrar um melhor contrato, em nome de seu interesse privado, bem como, que possam abrir mão de tudo isso, em nome da igualdade solidária.

Dessa forma, pensamos que a função social do contrato não é para tutelar a igualdade dos contratantes na efetiva constituição do contrato, mas, sim, uma segurança imposta para controlar e limitar as consequências ou os reflexos que derivam do objeto contratual celebrado entre privados. Acreditamos que o objeto e o limite protetivo da função social, determinada no art. 421 do CC, está relacionada com os efeitos que esse contrato pode trazer à coletividade e até mesmo ao Estado.

Nessa esteira, pode-se dizer que a liberdade contratual possui limitação, mas que ela só será exercida a partir do momento em que os efeitos do contrato ameaçarem ou ferirem objetos protetivos da Constituição Federal, trazendo, assim, cláusulas abertas para resolverem conflitos que possam surgir, colocando em contraponto a liberdade das partes em negociar os conteúdos dos contratos e a sua própria limitação, derivada da função social do contrato. Justamente por isso, Tartuce, ensina que:

reduz o alcance desse princípio quando presentes interesses metaindividuais ou interesse individual relativo à dignidade da pessoa humana".

> (...) a eficácia interna da função social dos contratos pode ser percebida: a) pela mitigação da força obrigatória do contrato; b) pela proteção da parte vulnerável da relação contratual, caso dos consumidores e aderentes; c) pela vedação da onerosidade excessiva; d) pela tendência de conservação contratual, mantendo a autonomia privada; e) pela proteção de direitos individuais relativos à dignidade humana; f) pela nulidade de cláusulas contratuais abusivas por violadoras da função social. Ainda quanto à eficácia interna, a função social dos contratos, pelo que consta dos arts. 104, 166, inc. II, 187 e 421 do Código Civil, pode se enquadrar nos planos da validade ou da eficácia do contrato, o que depende de análise caso a caso. Isso porque, havendo no exercício da autonomia privada um abuso do direito, estará configurado o ilícito, que pode eivar de nulidade da cláusula contratual ou mesmo todo o contrato. Por outro lado, a eficácia externa da função social dos contratos pode ser extraída das hipóteses em que um contrato gera efeitos perante terceiros (tutela externa do crédito, nos termos do Enunciado n. 21 do CJF/STJ); bem como das situações em que uma conduta de terceiro repercute no contrato. Também, denota-se essa eficácia externa pela proteção de direitos metaindividuais e difusos. Como exemplo de eficácia externa, ainda pode ser citada a função socioambiental do contrato.[252]

Para Nery e Nery Júnior, a eficácia da função social está relacionada diretamente com a harmonia entre os institutos privatistas e a sociabilidade do Direito, nas suas palavras:

> Por meio do princípio da função social, os institutos aos quais ele se aplica têm validade e eficácia também a partir de sua socialidade. Em outras palavras, a consideração de tal princípio obriga o operador do direito a observar também a qualidade que os institutos devem ter para contribuir para a harmonia das relações sociais e da potencialidade de servirem como instrumentos de segurança social fundada na solidariedade social (art. 3º, I, CF).[253]
> (...)
> É o Direito que desempenha função na sociedade: (a) função histórica pacificadora, de equilíbrio, de segurança, de garantia, de coexistência

[252] Tartuce, op. cit., p. 186.
[253] Nery, op. cit., p. 555-557.

> social pacífica, de delimitação de anseios egoísticos que não atendam à conveniência da socialidade; (b) função de justiça. Mercê dessa função de atingir a segurança da sociedade promovendo a parificação e pacificação social, o sistema se nutre de mecanismos para viabilizar essa finalidade querida pela ciência. A função social do Direito é, antes de tudo, parificação e pacificação, mas não se pode deixar de lado a legalidade, primeira condição de toda civilidade, porque a doutrina do direito livre não merece essa denominação. Porque ela nega todo o direito e toda a liberdade, permitindo a incerteza, o temor do arbítrio, sede de privilégio, rixa perpétua e perpétua escravidão. A certeza do direito é específica eticidade do direito. Para nós, de tradição ocidental, as instituições políticas e jurídicas estão a serviço da pessoa humana, cujos direitos fundamentais, tais como inscritos em sua natureza, são invioláveis."

Em linhas gerais, o que o art. 421 do CC busca apresentar é justamente a vinculação da autonomia privada às normas sociais e coletivas que estão determinadas na Constituição, devendo, desse modo, as partes contraentes terem ciência de que possuem a liberdade contratual e negocial, mas que essa liberdade poderá ser mitigada em caso de reflexos contratuais que atinjam direitos sociais e coletivos de terceiros ou dos próprios contraentes.

Para Theodoro Júnior[254], a questão conceitual da função social do contrato gira em torno de duas dicotomias clássicas, quais sejam o *voluntarismo* e o *comutativismo* ou, como preferem alguns doutrinadores, entre o *individualismo* e *solidarismo.* A primeira corrente defende que o núcleo do fenômeno está na "vontade". A segunda o desloca para a "cooperação entre as partes". No entanto, o autor ressalta que, independentemente disso, a função sempre será a de criar direitos e obrigações entre elas.

Diante disso, a atual conjuntura normativa trazida pelo Código Civil causa uma certa dificuldade, no que tange a diferenciar o que seria uma violação ou aplicação da boa-fé objetiva ou uma violação/aplicação da função social do contrato, já que ambos os institutos possuem elementos parecidos. Contudo, é importante ressaltar que as consequências e

[254] THEODORO JÚNIOR, Humberto. **O contrato e sua função social**. 4. ed. Rio de Janeiro. Editoria Forense, 2014, p. 50.

os resultados dos institutos jurídicos são diferentes, para uma melhor compreensão e visualização da diferença entre os dois elementos, Theodoro Júnior explica:

> i) fala-se em ofensa ao princípio da boa-fé objetiva quando o contrato, ou a forma de interpretá-lo ou de executá-lo consiste em um prejuízo injusto para um das partes; ii) ofende-se a função social do contrato quando os efeitos externos do contrato prejudicam injustamente os interesses da comunidade ou de estranhos ao vínculo negocial.[255]

Portanto, fica claro que o elemento diferenciador dos princípios se relaciona aos efeitos, ou seja, fala-se em ofensa à boa-fé objetiva, quando alguma ação de um dos contraentes gerar prejuízo injusto a outro, enquanto que, no princípio da função social do contrato, a atuação dos contraentes, por meio do objeto do contrato, ferir ou causar danos à coletividade ou a estranhos alheios ao negócio jurídico pactuado

Assim, a função social do contrato garante, entre outras coisas, a prevalência da proteção estatal dentro (intrínseco ou endo) e fora (extrínseco ou extra) da relação contratual entabulada[256]. Essa ideia de interferência social no contrato já era referida, de forma eficaz, por Bianca que no sentido de que a *"L'intangibilità della volontà individuale cede di fronte all'esigenza di giustizia sociale"*[257].

Tal ideia é reforçada pelo *pai* do Código Civil de 2002, Reale, à época, para quem o sentido social era uma das características mais marcantes do então projeto do novo Código Civil, em um claro contraste ao individualismo que condicionava o Código Civil de 1916[258].

De certo modo, esse intervencionismo estatal, na relação contratual, comumente denominado de dirigismo contratual[259], objetiva funcionalizar socialmente os contratos, isto é, preserva-lhes a ideia inerente de

[255] Theodoro Junior, op. cit., p. 50.

[256] Neste sentido, tratando da função social do contrato, vejamos o que nos diz Fachin, verbis: "o contrato que atinja sua função social gozará não só do reconhecimento jurídico, como também terá direito a incentivos fiscais, facilidades burocráticas e administrativas, financiamentos especiais, e uma proteção pública rígida contra qualquer ofensa externa, mesmo de concorrentes" (Fachin; Neves Soto, op. cit., p. 261).

[257] Bianca, op. cit., p. 33.

[258] Reale, Miguel. **O projeto do novo código civil**. 2 ed. São Paulo: Saraiva, 1999, p. 07.

[259] Pereira, op. cit., p. 25.

autonomia privada dos contratantes[260], sem, contudo, tratar-lhes como absolutos, ou estanques.

Ao revés, o contrato deve ser claro, para além da satisfação das partes diretamente envolvidas, a satisfação dos anseios sociais ou, no mínimo, atenção para não subverter a ordem social.

É dizer que o contrato socialmente funcional é aquele útil ("utilitarismo contratual") não somente entre as partes contratantes, mas também no seio da sociedade, repercutindo economicamente no âmbito social.

Ainda, podemos identificar que a ideia de função social do contrato, igualmente, está intimamente ligada à noção de circulação de riquezas, que fará com que o contrato gere os seus efeitos pretendidos, chegando ao seu real objetivo.

Essa colocação, sem dúvidas, conduz a importantes conclusões, como bem nos apresenta Marques, para quem "O contrato é o instrumento de circulação de riquezas da sociedade, hoje é também instrumento de proteção dos direitos fundamentais do consumidor, realização dos paradigmas de qualidade, de segurança, de adequação dos serviços e produtos no mercado brasileiro"[261].

Dessa forma, o ensinamento trazido por Marques, na verdade, é a real expressão do que significa a função social do contrato, dando-se um olhar não mais individualista, baseado na autonomia privada (ou, como antes denominada, autonomia da vontade), mas, sim, na análise social[262], referente à influência do contrato no meio da sociedade em que se vive e se negocia.

Hoje a ideia de contrato depende, claramente, dessa compreensão da influência em que a relação contratual poderá causar na própria sociedade em que inserido, visualizando a sua função social na busca pela ocorrência do objetivo pretendido pelo próprio contrato, além de contribuir socialmente para o meio em que se vive[263].

[260] Lorenzetti, op. cit., p. 537.

[261] Marques, Claudia Lima. **Contratos no código de defesa do consumidor**: o novo regime das relações contratuais. 4 ed. São Paulo, Revista dos Tribunais, 2002, p. 213.

[262] No olhar atendo de Marques, podemos perceber uma ideia de interesse social, referindo a jurista que a nova concepção do contrato é sob o olhar de cunho social, percebendo-se qual a influência desse contrato na sociedade, o que nos leva a compreender melhor a ideia de função social do contrato. (Ibidem, p. 175.)

[263] Neste sentido, vejamos a jurisprudência do Tribunal de Justiça do RS, in verbis: APELAÇÃO CÍVEL E RECURSO ADESIVO. AÇÃO REVISIONAL DE CONTRATO DE

Nesse sentido, o entendimento do Colendo Superior Tribunal de Justiça[264]:

> FINANCIAMENTO GARANTIDO COM CLÁUSULA DE ALIENAÇÃO FIDUCIÁRIA. INCIDÊNCIA DO CÓDIGO DE DEFESA DO CONSUMIDOR. O crédito fornecido ao consumidor/pessoa física para utilização na aquisição de bens no mercado como destinatário final se caracteriza como produto, importando no reconhecimento da instituição bancária/financeira como fornecedora para fins de aplicação do CDC, nos termos do art. 3º, parágrafo 2º, da Lei nº 8.078/90. Entendimento referendado pela Súmula 297 do STJ. DIREITO DO CONSUMIDOR À REVISÃO CONTRATUAL. O art. 6º, inciso V, da Lei nº 8.078/90 instituiu o princípio da função social dos contratos, relativizando o rigor do "Pacta Sunt Servanda" e permitindo ao consumidor a revisão do contrato, especialmente, quando o fornecedor insere unilateralmente nas cláusulas gerais do contrato de adesão obrigações claramente excessivas, suportadas exclusivamente pelo consumidor, como no caso concreto. TAXA DE JUROS REMUNERATÓRIOS. Juros contratados de acordo com a taxa média de mercado fixada pelo Banco Central. Jurisprudência consolidada do STJ – Resp. 1.061.530. CAPITALIZAÇÃO DE JUROS COM PERIODICIDADE INFERIOR À ANUAL. Permitida em contratos celebrados após 31/03/2000, data da publicação da Medida Provisória nº 1.963-17/2000, em vigor como MP 2.170-01, desde que expressamente pactuada. MORA CARACTERIZADA. Não configurada abusividade em encargos exigidos no período da normalidade contratual, caracterizada está a mora. JUROS MORATÓRIOS. Fixados em 1% (um por cento) ao mês. MULTA MORATÓRIA. Mantida em 2% (dois por cento). CLÁUSULA MANDATO. Inovação recursal. DIREITO À COMPENSAÇÃO DE CRÉDITOS. Existindo abusividade nos encargos de mora e, sendo apurada a existência de saldo devedor, devem ser compensados os pagamentos a maior feitos no curso da contratualidade. ANTECIPAÇÃO DE TUTELA. Inexistente abusividade no período da normalidade a justificar a revisão contratual, descabida a antecipação de tutela deferida no tocante à vedação da inscrição do nome do autor nos cadastros de inadimplentes e de manutenção na posse do bem objeto do contrato. DISPOSIÇÕES DE OFÍCIO. IMPOSSIBILIDADE. Aplicação do art. 515 do CPC. Incidência do princípio "tantum devolutum quantum appellatum". APELAÇÃO E RECURSO DESPROVIDOS EM PARTE. (Apelação Cível Nº 70053744462, Décima Terceira Câmara Cível, Tribunal de Justiça do RS, Relator: Vanderlei Teresinha Tremeia Kubiak, Julgado em 23/05/2013)

[264] AGRAVO INTERNO NO RECURSO ESPECIAL. CONTRATO. EMPRÉSTIMO BANCÁRIO. DESCONTO EM FOLHA DE PAGAMENTO E EM CONTA-CORRENTE. HIPÓTESES DISTINTAS. LIMITAÇÃO AO PERCENTUAL DE 30%. VIOLAÇÃO À DIGNIDADE. COMPROMETIMENTO DO SUSTENTO DO DEVEDOR. INEXISTÊNCIA. REVISÃO. REVOLVIMENTO DE FATOS E PROVAS. SÚMULA 7/STJ. AGRAVO INTERNO DESPROVIDO. 1. Segundo orientação jurisprudencial vigente no Superior Tribunal de Justiça, em observância aos princípios da função social do contrato e da dignidade da pessoa humana, o adimplemento de obrigação assumida em contrato de mútuo bancário na modalidade de consignação em pagamento está limitada ao percentual de 30%. 2. Todavia, segundo jurisprudência firmada pela Segunda Seção deste Tribunal Superior, a limitação dos descontos aplicados à remuneração não pode ser estendida às constrições efetuadas

> RECURSO ESPECIAL. PLANO DE SAÚDE. NEGATIVA DE PRESTAÇÃO JURISDICIONAL. [...] LIBERDADE DE CONTRATAR QUE DEVE SER EXERCIDA NOS LIMITES E EM RAZÃO DA FUNÇÃO SOCIAL DOS CONTRATOS. BENS JURIDICAMENTE TUTELADOS PELA LEI DE REGÊNCIA – SAÚDE E VIDA – QUE SE SOBREPÕEM AOS TERMOS CONTRATADOS. APLICABILIDADE DO DISPOSTO NO ART. 8º, § 3º, "B", DA LEI 9.656/1998, EM INTERPRETAÇÃO SISTEMÁTICA E TELEOLÓGICA. RESTABELECIMENTO DA SENTENÇA. RECURSO ESPECIAL PARCIALMENTE PROVIDO. [...] 4. Entretanto, não obstante seja possível a resilição unilateral e imotivada do contrato de plano de saúde coletivo, deve ser resguardado o direito daqueles beneficiários que estejam internados ou em pleno tratamento médico, observando-se, assim, os princípios da boa-fé, da segurança jurídica e da dignidade da pessoa humana. 4.1. *Com efeito, a liberdade de contratar não é absoluta, devendo ser exercida nos limites e em razão da função social dos contratos, notadamente em casos como o presente, cujos bens protegidos são a saúde e a vida do beneficiário, os quais se sobrepõem a quaisquer outros de natureza eminentemente contratual, impondo-se a manutenção do vínculo contratual entre as partes até que os referidos beneficiários encerrem o respectivo tratamento médico.* 4.2. Ademais, não se pode olvidar que a própria Lei dos Planos de Saúde (Lei n. 9.656/1998) estabelece, em seu art. 8º, § 3º, alínea "b", que as operadoras privadas de assistência à saúde poderão voluntariamente requerer autorização para encerramento de suas atividades, desde que garanta a continuidade da prestação de serviços dos beneficiários internados ou em tratamento médico, dentre outros requisitos. 4.3. Assim sendo, tomando como base uma interpretação sistemática e teleológica da referida lei, é de se concluir que o disposto no art. 8º, § 3º, alínea "b", da Lei n. 9.656/1998, que garante a continuidade da prestação de serviços de saúde aos beneficiários internados

em conta-corrente, que, pela natureza do contrato firmado com a instituição financeira, não podem sofrer restrição quanto aos lançamentos de créditos e débitos nela inseridos. 3. Concluindo o Tribunal estadual que o percentual fixado para débito em conta-corrente do devedor é suficiente para manutenção de seu sustento digno e cumprimento do contrato, descabe ao Superior Tribunal de Justiça modificar o posicionamento adotado, ante a incidência da Súmula 7/STJ. 4. Agravo interno desprovido. (AgInt no REsp 1812927/DF, Rel. Ministro Marco Aurélio Bellizze, TERCEIRA TURMA, julgado em 14/10/2019, DJe 22/10/2019)

> ou em tratamento médico, deverá ser observado não só nos casos de encerramento das atividades da operadora de assistência à saúde, mas também quando houver resilição unilateral do plano de saúde coletivo, como ocorrido na espécie, razão pela qual deve ser restabelecida a sentença de procedência parcial do pedido. 5. Recurso especial parcialmente provido[265].

Essa ideia de função social do contrato, que foi abarcada até o presente momento, é embasada em uma análise eminentemente privatista, que será contextualizada à frente, quando analisaremos essa ocorrência frente ao Código de Defesa do Consumidor, transferindo a análise para a relação de consumo e aos contratos de adesão.

Na sequência, aprofundaremos a influência da Lei de Liberdade Econômica nas relações processuais, especialmente na interpretação dos contratos, até porque uma das principais alterações foi, justamente, a alteração na redação do art. 421 do Código Civil.

## 6.4 Impactos da Lei de Liberdade Econômica no Código Civil e a mudança na interpretação dos negócios jurídicos.

Era esperado e desejado, como ocorre com qualquer sistema jurídico que preza pela uniformidade, que a Lei da Liberdade Econômica – LLE (Lei n. 13.874, de 20 de setembro de 2019), em razão das suas vocações, promovesse alterações em alguns dispositivos do Código Civil Brasileiro, especialmente diante da proposta de manter a coerência do ordenamento jurídico[266].

Assim, importante ponto de estudo dos contratos é a necessidade da análise econômica do Direito[267], notadamente diante da forte influên-

[265] REsp 1818495/SP, Rel. Ministro Marco Aurélio Bellizze, TERCEIRA TURMA, julgado em 08/10/2019, DJe 11/10/2019.

[266] Nesse sentido: Thamay, Rennan, Tamer, Mauricio; Garcia Junior, Vanderlei. A liberdade econômica: Uma análise material e processual da Lei nº 13.874/2019. 1ª ed. São Paulo: Editora Revista dos Tribunais, 2019.

[267] O movimento da Análise Econômica do Direito, inovado na década de 1960 pela Escola de Chicago, busca "ocuparse de la ley tal como funciona en la práctica haciendo uso de las ciencias sociales, y que la economía era una de las ciencias sociales a la que podían recurrirlos abogados académicos [...] El movimiento del derecho y la economía (busca aplicar) los conceptos económicos para explicar y esclarecer los asuntos legales" (Roemer, Andrés. **Introducción al análisis económico del derecho.** Trad. José Luis Pérez Hernán-

cia que a economia possui no Direito, ainda mais nas próprias relações contratuais, tendo em vista que o contrato representa importante instrumento de circulação de riquezas, bem como representativos de operações econômicas e, porque não, de ordem política.

Segundo os ensinamentos de Zylbersztajn e Sztajn[268], o diálogo entre economia e Direito torna-se essencial, principalmente quando houver a necessidade de analisar a associação entre eficácia e eficiência, "como aptidão para atingir o melhor desempenho com o mínimo de erros ou perdas", bem como para alcançar o melhor rendimento daquilo que se pretende negociar, mas sempre de maneira mais produtiva. Essa função, na verdade, reflete justamente aquilo que se almeja no contrato, a dignificação da pessoa pela promoção de seus valores essenciais e na tutela de suas liberdades privadas.

O sistema[269] econômico, indubitavelmente, pode ser conceituado como um complexo de relações entre pessoas físicas e jurídicas, cujo

dez. México: Fondo de cultura económica, 1994, p. 10-11). Guido Alpa (1997), outro grande expoente da doutrina, coloca que "aqueles que se dedicam a examinar economicamente o direito tem o desígnio comum quer de assegurar a correspondência entre exigências econômicas e instrumentos jurídicos, entre a atuação do mercado livre e atuação do mercado regulado, quer o de garantir o custo dos instrumentos jurídicos, os seus efeitos induzidos, a alteração que eles produzem na situação de mercado, os caracteres que imprimem ao próprio mercado, os fatos contextuais de que eles se tornam intermediários para poder determinar um específico jogo do mercado" [...] (a ponto de promover) "um confronto entre a situação concreta e aquela em abstrato determinável com a correção do sistema, indagando o custo privado e o custo social da atuação de novos e velhos instrumentos jurídicos" em busca de um uso mais eficiente e racional tanto das riquezas, quanto das regras jurídicas. (ALPA, G. **A análise econômica do direito na perspectiva do jurista**. Trad. João Bosco Leopoldino da Fonseca. Belo Horizonte: UFMG, 1997, p. 7-15).

268 ZYLBERSZTAJN, Décio; SZTAJN, Rachel. **Direito & Economia**. Editora Campus, Rio de Janeiro, 2005, p. 305.

269 Na obra Sociologia do direito, vol. I, Nicklas Luhmann descreve sua teoria dos sistemas a partir do entendimento de que a teoria da sociedade como a totalidade abrangente do convívio social teria desmoronado. Assim propõe "a sociedade como um sistema social que, em um ambiente altamente complexo e contingente, é capaz de manter relações constantes entre as ações, (produzindo, para tanto, e organizando) uma seletividade de tal forma que ela capte a alta complexidade e seja capaz de reduzi-la a bases de ação, passíveis de decisão." (LUHMANN, Niklas. **Sociologia do direito I**. Rio de Janeiro: Tempo Brasileiro, 1983, p. 168). A sociedade é aquele sistema social cuja estrutura regula as últimas reduções básicas, às quais outros sistemas sociais podem referir-se. Ela transforma o indeterminado no determinado, ou pelo menos em uma complexidade determinável por outros sistemas (v.g., famílias, empresas, conventos, associações, festas, conferências, economia, política, processo). "A

desempenho depende, em sua essência, do modo pelo qual essas relações são exteriorizadas e, especialmente, da forma pela qual tais relações são identificadas. Desta forma, evidente, aqui, a importância do estudo dos contratos para a análise econômica do direito, em especial, diante da necessidade de identificação do contrato como um efetivo medidor de padrão de comportamento humano, visando a consensos mútuos entre os contratantes, realizando ganhos individuais, bem como, notadamente, coletivos.

Diante disso, a Lei nº 13.874/2019[270], de fato, ingressa em nosso sistema como verdadeiro *longa manus* do princípio constitucional da livre iniciativa, presente no art. 170, *caput*, da Constituição Federal[271], explicando seu conteúdo em sede infraconstitucional, fazendo com que o preceito constitucional se consolide no ordenamento jurídico brasileiro, constituindo importante instrumento garantidor de segurança jurídica e social, bem como de assegurar a tão buscada previsibilidade nas relações. Reforça a opção de liberalismo econômico feita, de forma con-

sociedade garante aos outros sistemas um ambiente por assim dizer domesticado, de menor complexidade, um ambiente no qual já está excluída a aleatoriedade das possibilidades, fazendo assim com que ele apresente menos exigências à estrutura do sistema." (LUHMANN, op. cit., p. 168). Nesse ínterim, o direito é o sistema que estrutura o ambiente social, o que muitas vezes implica na criação de sistemas parciais, como o direito penal, ou do consumidor. "Todo sistema parcial constitui um estilo próprio de seleção no qual, ao lado das desconsiderações valorativas reconhecidas genericamente e transcendentes, são incorporados critérios específicos ao sistema parcial, valores defensivos, técnicas de trabalho etc." (LUHMANN, Niklas. **Sociologia do direito** II. Rio de Janeiro: Tempo Brasileiro, 1985, p, 78).

[270] THAMAY, Rennan Faria Krüger; GARCIA JÚNIOR, Vanderlei; TAMER, Mauricio Antônio. **A Lei da Liberdade Econômica: uma análise material e processual da Lei nº 13.874/2019**. São Paulo: Revista dos Tribunais, 2020.

[271] CF/88 – Art. 170. A ordem econômica, fundada na valorização do trabalho humano e na livre iniciativa, tem por fim assegurar a todos existência digna, conforme os ditames da justiça social, observados os seguintes princípios: I – soberania nacional; II – propriedade privada; III – função social da propriedade; IV – livre concorrência; V – defesa do consumidor; VI – defesa do meio ambiente, inclusive mediante tratamento diferenciado conforme o impacto ambiental dos produtos e serviços e de seus processos de elaboração e prestação; (Redação dada pela Emenda Constitucional nº 42, de 19.12.2003) VII – redução das desigualdades regionais e sociais; VIII – busca do pleno emprego; IX – tratamento favorecido para as empresas de pequeno porte constituídas sob as leis brasileiras e que tenham sua sede e administração no País. (Redação dada pela Emenda Constitucional nº 6, de 1995) Parágrafo único. É assegurado a todos o livre exercício de qualquer atividade econômica, independentemente de autorização de órgãos públicos, salvo nos casos previstos em lei.

temporânea, pelo Estado brasileiro, na proposta de trazer concretude à ideia de sua menor intervenção na economia.

Especificamente nas relações privadas, a LLE conferiu nova redação ao art. 113 do Código Civil, inserindo dois parágrafos à redação original do artigo, informando a forma pela qual os negócios jurídicos deverão ser interpretados, observando os ditames da boa-fé e dos usos do lugar de sua celebração, consolidando, assim, a necessidade de resguardar a liberdade contratual das partes e prevalecendo o princípio da intervenção mínima do Estado, por qualquer de seus Poderes.

Conforme verificado, referido artigo não está direcionado apenas às relações contratuais, mas, sim, a todos os institutos fundamentais privatistas, seja de Direito civil, seja, ainda, regras de Direito empresarial, bem como a outros negócios jurídicos que estejam presentes ou tutelados pela legislação civil. Nesse sentido, Tartuce ensina que:

> (...) o comando recebeu dois parágrafos pela lei da liberdade econômica. Na originária medida provisória 881 – pelo que constava dos pretendidos arts. 480-A e 480-B do Código Civil –, e também no processo de sua conversão em lei, a ideia seria inserir novas regras somente para os negócios jurídicos empresariais. Todavia, o relator do projeto de conversão, deputado Jerônimo Goergen, ouviu a recomendação feita por alguns civilistas, caso de Maurício Bunazar, no sentido de que os novos critérios interpretativos seriam interessantes para todo e qualquer negócio jurídico, o que é verdade, não sendo viável que o Código Civil criasse uma separação entre negócios empresariais e civis na sua parte geral. Muitos desses critérios, aliás, já eram aplicados na prática do Direito Privado, em julgados e decisões arbitrais; e também retirados do art. 131 do Código Comercial, ora revogado.[272]

Assim, para possibilitar uma maior liberdade contratual entre os contratantes e garantir maior segurança às relações jurídicas, as partes poderão livremente pactuar regras de interpretação, de preenchimento de lacunas e de integração dos negócios jurídicos diversas daquelas pre-

[272] TARTUCE, Flávio. **A "lei da liberdade econômica" (lei 13.874/19) e os seus principais impactos para o Direito Civil**. Segunda parte. Disponível em https://www.migalhas.com.br/dePeso/16,MI313017,21048-A+lei+da+liberdade+economica+lei+1387419+e+os+seus+principais

vistas em lei, ou seja, a LLE introduziu no Código Civil uma liberdade ainda mais ampla às partes, qual seja a de introduzir nos próprios contratos as regras inerentes à forma de interpretar aquela relação contratual, complementando aquilo que a lei, em seu art. 113, § 1º, estabelece aos intérpretes de tais instrumentos.

Dessa forma, são parâmetros para a interpretação do negócio jurídico, além daqueles que eventualmente estiverem dispostos no próprio contrato, devendo lhe atribuir o sentido que: (i) for confirmado pelo comportamento das partes posterior à celebração do negócio, vedando o comportamento contraditório das partes após a celebração do negócio jurídico; (ii) corresponder aos usos, costumes e práticas do mercado relativas ao tipo de negócio, reafirmando aquilo já especificado pelo *caput* do art. 113; (iii) corresponder à boa-fé; (iv) for mais benéfico à parte que não redigiu o dispositivo, se identificável, e (v) corresponder à qual seria a razoável negociação das partes sobre a questão discutida, inferida das demais disposições do negócio e *da racionalidade econômica* das partes, consideradas as informações disponíveis no momento de sua celebração.

Nesse sentido, evidente que a intenção legislativa foi a de valorizar, sobremaneira, a liberdade de negociações prévias e disposições preliminares efetuadas entre os negociantes, inferida na chamada racionalidade econômica, assim entendida como cláusula geral inserida na legislação a ser preenchida futuramente pelos entendimentos jurisprudenciais e pela própria doutrina, mas destacando-se a relação direta com os comportamentos típicos das partes perante o mercado econômico, riscos e expectativas de retorno, bem como na própria realidade técnica dos negociantes perante as variáveis de mercado.

O art. 133 do Código ganha corpo e, o principal, permite a abertura sistemática para que o ordenamento jurídico civil considere, ainda mais, a realidade na qual o negócio jurídico foi pensado, compactuado, formalizado e executado.

Como afirmado anteriormente, é certo que a norma estabeleceu a possibilidade dos contratantes em celebrar regras próprias de interpretação, de integração e de solução de lacunas eventualmente existente nos negócios jurídicos; no entanto, importante verificar que, ainda assim, tais disposições não são suficientes para afastar a eventual intervenção do Poder Judiciário e o controle das validades de tais condições, especialmente diante de casos de abusos negociais ou de comprovada lesão às normas de ordem pública e cogentes.

Todavia, é de se esperar, até pelo espírito da Lei da Liberdade Econômica, que essa intervenção judicial se dê de forma subsidiária e excepcional, apenas nos casos em que fundamentalmente a situação assim se justificar.

Note-se que tal entendimento já vinha sendo aplicado em relações comerciais e empresariais, sendo amplamente aceito pela doutrina, a teor do Enunciado 23 da I Jornada de Direito Comercial do Conselho da justiça Federal, especificando que, "em contratos empresariais, é lícito às partes contratantes estabelecer parâmetros objetivos para a interpretação dos requisitos de revisão e/ou resolução do pacto contratual".

Ainda, a LLE corrigiu o equívoco semântico histórico presente no art. 421 do Código Civil, cuja redação anterior estabelecia que "a liberdade de contratar será exercida em razão e nos limites da função social do contrato".

Assim, buscou a LLE referendar, nas relações civis, a liberdade máxima e a mínima intervenção do Estado (dirigismo contratual), substituindo a "liberdade de contratar" (assim entendida como a possibilidade de se escolher com quem contratar, de maneira ilimitada), instituindo a "liberdade contratual" (escolha do conteúdo dos contratos), esta última exercida e limitada pela função social do contrato, prevalecendo nas relações privadas o princípio da intervenção mínima e a excepcionalidade da revisão dos contratos. Concretiza, no Código Civil, o princípio constitucional da livre iniciativa e seus princípios do art. 2º.

Por certo, como observado, o dirigismo contratual é princípio limitador da autonomia da vontade das partes contratantes, por intervenção do Estado, em função dos fins sociais[273] e das exigências do bem

[273] RECURSO ESPECIAL. PROCESSUAL CIVIL. CONTRATOS DE FINANCIAMENTO IMOBILIÁRIO. SISTEMA FINANCEIRO DE HABITAÇÃO. LEI N. 10.931/2004. INOVAÇÃO. REQUISITOS PARA PETIÇÃO INICIAL. APLICAÇÃO A TODOS OS CONTRATOS DE FINANCIAMENTO. 1. A análise econômica da função social do contrato, realizada a partir da doutrina da análise econômica do direito, permite reconhecer o papel institucional e social que o direito contratual pode oferecer ao mercado, qual seja a segurança e previsibilidade nas operações econômicas e sociais capazes de proteger as expectativas dos agentes econômicos, por meio de instituições mais sólidas, que reforcem, ao contrário de minar, a estrutura do mercado. 2. Todo contrato de financiamento imobiliário, ainda que pactuado nos moldes do Sistema Financeiro da Habitação, é negócio jurídico de cunho

comum, advindos da necessidade de equilibrar o individualismo contratual. Porém, tendo em vista que um dos princípios bases das relações contratuais é, certamente, a autonomia das partes de contratar – princípio infraconstitucional que também dá voz à livre iniciativa constitucional –, buscando estabelecer efeitos e consequências jurídicas entre os contratantes, daí a necessidade de instituir, conforme nova redação do parágrafo único do art. 421 do CC, a "prevalência do princípio da intervenção mínima e a excepcionalidade da revisão contratual".

Inclusive, a título de ilustração, Schreiber ressalta a inexistência do chamado princípio da intervenção mínima, ainda mais nas relações privadas, sendo certo que o Estado, se necessário, deverá intervir em tais relações, seja para assegurar a força vinculante dos contratos, seja para conferir a aplicação das normas instituídas no contrato ou aquelas de ordem pública e de natureza cogente. Diz o autor, ainda, que:

> A MP n. 881/19 também introduziu no art. 421 um parágrafo único, que estabelece a prevalência de um assim chamado "princípio da intervenção mínima do Estado" e reserva caráter "excepcional" à revisão contratual "determinada de forma externa às partes". Mais uma vez, o equívoco salta aos olhos. Não existe um "princípio da intervenção mínima do Estado"; a intervenção do Estado nas relações contratuais de natureza privada é imprescindível, quer para assegurar a força vinculante dos contratos, quer para garantir a incidência das normas jurídicas, inclusive

eminentemente patrimonial e, por isso, solo fértil para a aplicação da análise econômica do direito. 3. A Lei n. 10.931/2004, especialmente seu art. 50, inspirou-se na efetividade, celeridade e boa-fé perseguidos pelo processo civil moderno, cujo entendimento é de que todo litígio a ser composto, dentre eles os de cunho econômico, deve apresentar pedido objetivo e apontar precisa e claramente a espécie e o alcance do abuso contratual que fundamenta a ação de revisão do contrato. 4. As regras expressas no art. 50 e seus parágrafos têm a clara intenção de garantir o cumprimento dos contratos de financiamento de imóveis tal como pactuados, gerando segurança para os contratantes. O objetivo maior da norma é garantir que, quando a execução do contrato se tornar controvertida e necessária for a intervenção judicial, a discussão seja eficiente, porque somente o ponto conflitante será discutido e a discussão da controvérsia não impedirá a execução de tudo aquilo com o qual concordam as partes. 5. Aplicam-se aos contratos de financiamento imobiliário do Sistema de Financiamento Habitacional as disposições da Lei n. 10.931/2004, mormente as referentes aos requisitos da petição inicial da ação de revisão de cláusulas contratuais, constantes do art. 50 da Lei n. 10.931/2004. 6. Recurso especial provido. (REsp 1163283/RS, Rel. Ministro Luis Felipe Salomão, QUARTA TURMA, julgado em 07/04/2015, DJe 04/05/2015)

> das normas constitucionais, de hierarquia superior à referida medida provisória. A MP n. 881/19 parece ter se deixado se levar aqui por uma certa ideologia que enxerga o Estado como inimigo da liberdade de contratar, quando, na verdade, a presença do Estado – e, por conseguinte, o próprio Direito – afigura-se necessária para assegurar o exercício da referida liberdade. No que tange à revisão contratual, também parece ter incorrido a medida provisória nessa falsa dicotomia entre atuação do Estado-juiz e liberdade de contratar, quando, ao contrário, a revisão contratual privilegia o exercício dessa liberdade ao preservar a relação contratual estabelecida livremente entre as partes, ao contrário do que ocorre com a resolução contratual, remédio a que já tem direito todo contratante nas mesmas situações em que a revisão é cabível (v. comentários ao art. 478). Se a intenção da MP foi evitar que revisões judiciais de contratos resultem em alterações excessivas do pacto estabelecido entre as partes, empregou meio inadequado: afirmar que a revisão contratual deve ser excepcional nada diz, porque não altera as hipóteses em que a revisão se aplica, as quais são expressamente delimitadas no próprio Código Civil. O novo parágrafo único, acrescentado pela MP, tampouco indica parâmetros, critérios ou limites à revisão contratual, o que leva a crer, mais uma vez, que a alteração não produzirá qualquer efeito relevante no modo como a revisão contratual é aplicada na prática jurisprudencial brasileira – aplicação que, de resto, já se dá com bastante cautela e parcimônia, sem interferências inusitadas no conteúdo contratual.[274]

Na sequência, a LLE inova no ordenamento jurídico civil, com a inclusão do art. 421-A do Código Civil., estipulando que os contratos civis e empresariais se presumem paritários e simétricos, ou seja, no qual as partes estarão em igualdade de condições para discutir e negociar os termos e as cláusulas do contrato, até a presença de elementos concretos que justifiquem o afastamento dessa presunção.

Reforçar-se, assim, a regra de interpretação dos contratos de que as manifestações de vontade neles convergentes foram formatadas em cenário de igualdade material e livres de qualquer vulnerabilidade. De igual maneira, também fortalece aquilo que anteriormente ressal-

[274] SCHREIBER, Anderson. **Código Civil comentado**: doutrina e jurisprudência. Rio de Janeiro: Forense, 2019, p. 245-246.

tamos, em especial, para a manutenção da coerência do sistema, garantido também que as partes negociantes poderão estabelecer parâmetros objetivos para a interpretação das cláusulas negociais e de seus pressupostos de revisão ou de resolução; a alocação de riscos definida pelas partes deve ser respeitada e observada, e a revisão contratual somente ocorrerá de maneira excepcional e limitada.

É de se atentar, ainda, sobre as determinações e abrangências da nova lei, especialmente a respeito da liberdade de negociação acerca das cláusulas contratuais, não se podendo negar, por evidente, que a incidência das disposições legislativas diz respeito, tão somente, aos contratos paritários ou negociados, cuja espécie emerge do estudo da classificação dos contratos quanto à negociação do conteúdo pelas partes, inviável de incidência nos contratos de adesão.

Pode-se, pois, identificar duas modalidades de contratos, classificados diante desta categoria, ou seja, os paritários e os contratos de adesão.

A LLE deixa então mais claras essas distinções, sendo os chamados contratos paritários ou contratos negociados aqueles em que as partes estão em igualdade de condições para discutir o conteúdo do contrato, geralmente em posições econômicas, financeiras ou, até mesmo, sociais que sejam igualitárias.

Portanto, contratos paritários são aqueles tradicionais, nos quais as partes discutem, em uma etapa preliminar de negociações, os termos, as cláusulas e as condições contratuais, chegando a um denominador comum, sendo esta modalidade a regra diante das relações civis e empresariais rotineiras dentro do mercado financeiro entre grandes incorporações, fusões empresariais e, inclusive, em contratos mercantis envolvendo grandes negociações.

Assim, inegável que tais contratos celebrados e de natureza paritária estão sujeitos à nova Lei da Liberdade Econômica, em muitas de suas disposições, tais como aquela prevista no art. 3º, VIII, segundo o qual "são direitos de toda pessoa, natural ou jurídica, essenciais para o desenvolvimento e o crescimento econômicos do país, observado o disposto no parágrafo único do art. 170 da Constituição Federal. (...). VIII – ter a garantia de que os negócios jurídicos empresariais paritários serão objeto de livre estipulação das partes pactuantes, de forma a aplicar todas as regras de direito empresarial apenas de maneira subsidiária ao avençado, exceto normas de ordem pública", reafirmando a importância da autonomia privada em tais relações negociais, mas deixando clara a necessidade de observância das normas de ordem pública ou de normas cogentes.

Desta forma, complementando as disposições do art. 421-A do CC, a respeito da interpretação e da liberdade contratual, no momento de realização do contrato, seja na fase pré-contratual, seja na fase pós-contratual, deverão os contratantes guardar, portanto, na conclusão do contrato, como em sua execução, os princípios de probidade e boa-fé, conforme determina o art. 422 do CC, especialmente, quando for o caso de contratos de adesão, se houver cláusulas ambíguas ou contraditórias, caso em que deverá ser adotada a interpretação mais favorável ao aderente (art. 423 do CC).

Ainda, entre os contratos paritários, há os chamados "contrato-tipo", muito comuns nas relações empresariais que em tese têm igualdades de condições, afastando a vulnerabilidade, que é regra nos contratos de adesão, ou seja, não sendo essencial a desigualdade econômica e admite a discussão quanto ao seu conteúdo. Definindo o instituto, Sílvio Venosa explica que:

> (...) o contrato-tipo aproxima-se do contrato de adesão pela forma com que se apresenta. Distingue-se do contrato de adesão porque aqui, no contrato tipo, as cláusulas, ainda que predispostas, decorrem da vontade paritária de ambas as partes. Assim contratam, por exemplo, as empresas de determinado setor da indústria ou comércio com um grupo de fornecedores, podendo ou não ser representadas por associações respectivas.[275]

São contratos de formatação pronta, mas esse aspecto formal, porém, não afasta a natureza paritária da contratação. Essa afirmação parece ensejar cuidado na análise do caso concreto, sobretudo em razão do regime de direito e as respectivas consequências a serem aplicadas a partir da interpretação dada.

Além disso, nesse contexto, a compreensão dos contratos paritários passa também por uma intelecção de exclusão, ou seja, serão paritários

[275] VENOSA, Sílvio de Salvo. **Direito civil**: teoria geral das obrigações e teoria geral dos contratos. 6 ed. São Paulo: Atlas, 2006, p. 370-371.

aqueles contratos que não são de adesão. Por essa razão, faz-se importante esclarecer quais seriam as contratações que se dão em regime dessa natureza.

É certo que separamos capítulo próprio para estudar e aprofundar a análise dos contratos de adesão, todavia, podemos adiantar e identificar os contratos chamados de adesão como aqueles cujas cláusulas são impostas, quanto ao conteúdo negocial, de maneira unilateral por uma das partes negociantes, seja fornecedor ou seja, até mesmo, quando aprovadas pela autoridade competente, não restando outra opção à outra parte, chamada de aderente, tão somente aceitar ou não aceitar o conteúdo desse negócio jurídico.

Esta definição pode ser encontrada no art. 54 do Código de Defesa do Consumidor, no sentido de ser "aquele cujas cláusulas tenham sido aprovadas pela autoridade competente ou estabelecidas unilateralmente pelo fornecedor de produtos ou serviços, sem que o consumidor possa discutir ou modificar substancialmente seu conteúdo".

Gomes, antecipando no ano de 1972, as exigências da vida econômica e a necessidade de consolidação das regras contratuais com a efetiva circulação de riquezas e de bens de maneira célere e intensa, conceituou o contrato de adesão como sendo "o negócio jurídico no qual a participação de um dos sujeitos sucede pela aceitação em bloco de uma série de cláusulas formuladas antecipadamente, de modo geral e abstrato, pela outra parte, para constituir o conteúdo normativo e obrigacional de futuras relações concretas"[276].

É evidente que, apesar de a definição constar da lei consumerista, o contrato de adesão não é necessariamente um contrato exclusivo de aplicação às relações de consumo, incidentes, de igual maneira, às relações civis, empresariais e público-privadas, como se retira do Enunciado 171, aprovado na III Jornada de Direito Civil, promovida pelo Conselho da Justiça Federal, quando da interpretação dos arts. 423 e 424 do Código Civil, importando que "o contrato de adesão, mencionado nos arts. 423 e 424 do novo Código Civil, não se confunde com o contrato de consumo".

[276] GOMES, Orlando. **Contrato de adesão**: condições gerais dos contratos. São Paulo: RT, 1972, p. 3.

Como exemplo, inclusive, é possível apresentar o contrato de franquia, como bem apresentado pela Ministra Nancy Andrighi no julgamento do REsp nº 1.602.06/SP, que:

> (...) por sua natureza, não está sujeito às regras protetivas previstas no CDC, pois não há relação de consumo, mas de fomento econômico. Todos os contratos de adesão, mesmo aqueles que não consubstanciam relações de consumo, como os contratos de franquia, devem observar o disposto no art. 4º, § 2º, da lei 9.307/96. Poder Judiciário pode, nos casos em que prima facie é identificado um compromisso arbitral 'patológico', i.e., claramente ilegal, declarar a nulidade dessa cláusula, independentemente do estado em que se encontre o procedimento arbitral (STJ, REsp nº 1.602.076/SP, 3ª T., Rel. Min. Nancy Andrighi, j. em 15.09.2016, DJe 30.09.2016).

Ademais, os contratos de adesão são também chamados de contratos *standard*, surgindo a categoria de *estandardização* dos contratos, ou padronização contratual, justamente mitigando o princípio da autonomia privada, basilar da teoria geral dos contratos, tendo em vista a pequena (ou quase inexistente) possibilidade de a parte aderente discutir cláusulas contratuais, caso que encontra previsão legal no art. 54, §1º, do CDC: "A inserção de cláusula no formulário não desfigura a natureza de adesão a contrato.".

Finalmente, é importante lembrar que as referidas normas de proteção ao Direito do consumidor possuem natureza constitucional, sendo certo que a Constituição Federal de 1988 garante a proteção do consumidor como direito fundamental e como direito da ordem econômica, respectivamente, nos arts. 5º e 170: "Art. 5º. Todos são iguais perante a lei, sem distinção de qualquer natureza, garantindo-se aos brasileiros e aos estrangeiros residentes no País a inviolabilidade do direito à vida, à liberdade, à igualdade, à segurança e à propriedade, nos termos seguintes: [...] XXXII – o Estado promoverá, na forma da lei, a defesa do consumidor; Art. 170. A ordem econômica, fundada na valorização do trabalho humano e na livre iniciativa, tem por fim assegurar a todos, existência digna, conforme os ditames da justiça social, observados os seguintes princípios: [...] V – defesa do consumidor".

Não à toa, portanto, entende-se a ressalva feita pela LLE que, como dito anteriormente, traz para o plano infraconstitucional, de forma mais certeira, o princípio da livre iniciativa. Mas, ao fazê-lo, reconhece a ponderação que esse sofre em relação a outros direitos de igual respaldo constitucional.

## 6.5 Autonomia da vontade e a função social do contrato

É importante frisar, neste momento, que a boa-fé objetiva e a função social do contrato são consideradas cláusulas gerais, que possuem inúmeros reflexos jurídicos, como já apresentado no capítulo anterior, são princípios convertidos em cláusulas gerais, mas que seus efeitos são diferentes um do outro. Portanto, quando há violação de ambos os princípios, os seus efeitos são diversos, permitindo, assim, inúmeras soluções, de acordo com o caso concreto.

Especialmente porque o sistema introduzido pelo Código Civil trouxe a facilidade e flexibilidade de buscar interpretações que possibilitam uma maior maleabilidade na resolução de violações do objeto contratual. Veja-se, por exemplo, no caso do abuso de direito, a luz do Direito Civil, pode-se buscar mais de uma solução para a resolução dos problemas, como uma indenização em perdas e danos, a própria revisão do contrato ou, até mesmo, a anulação parcial ou total, a depender da extensão da contaminação contratual atingida.

No entanto, caso estejamos diante de um negócio jurídico desequilibrado economicamente, a solução pretendida poderá ser tanto a rescisão contratual, ou a busca pelo seu reequilíbrio. Havendo violação de deveres anexos ou acessórios, a parte que se sentir prejudica ou lesada poderá exigir o respectivo cumprimento de tais deveres, como pode reclamar perdas e danos.

Exemplo disso pode ser verificado na hipótese da lesão, prevista no art. 157 do Código Civil, estabelecendo a possibilidade de anular a relação contratual (ou seja, buscar a rescisão do contrato) quando uma das partes, sob premente necessidade, ou por inexperiência, obriga-se à prestação manifestamente desproporcional ao valor da prestação oposta. Entretanto, não se decretará a anulação do negócio, se for oferecido suplemento suficiente, ou se a parte favorecida concordar com a redução do proveito (busca pelo reequilíbrio do contrato).

Certamente, essa regra reflete a necessidade de conservação dos efeitos dos contratos, possibilitando seu reequilíbrio e preservar a circulação de riquezas (também chamado de princípio do aproveitamento do negócio jurídico[277]), respeitando os atos já realizados, os feitos já consolidados e, assim, priorizando o convívio e a pacificação social.

Diante disso, verificam-se algumas peculiaridades trazidas pela nova sistemática do CC/02, a respeito da função social do contrato, explicando Humberto Theodoro Jr que "a função social é tema é tema apropriados aos contratos de adesão e de massa, já que são propícios aos exercícios do abuso, com amplos reflexos sobre a comunidade. A defesa dos interesses sociais é realizada, com propriedade, por meio de ações

[277] "Cumpre invocar os seguintes ensinamentos doutrinários acerca do princípio da conservação dos negócios jurídicos: "6. Princípio da conservação dos atos e negócios jurídicos A ratificação dos negócios anuláveis (CC1916, art. 148; CC2002, art. 172), assim como a redução dos negócios acometidos de nulidade parcial (CC1916, art. 153; CC2002, art. 184) e também a conversão dos negócios nulos (CC2002, art. 170) atendem ao princípio da conservação dos atos e negócios jurídicos, segundo o qual, no conceito de Antonio Junqueira de Azevedo, '... tanto o legislador quanto o intérprete, o primeiro, na criação das normas jurídicas sobre os diversos negócios, e o segundo, na aplicação dessas normas, devem procurar conservar, em qualquer um dos três planos – existência, validade e eficácia –, o máximo possível do negócio realizado pelo agente' Sobre o fundamento do princípio da conservação, não se pode deixar de dar razão a Eduardo Correia, quando afirma que a ordem jurídica não é inimiga dos interesse dos indivíduos e do desenvolvimento da vida social: 'A ordem jurídica não é tabu que fulmine totalmente tudo que lhe não é conforme, mas, muito ao contrário, meio de garantir a consecução dos interesses do homem e da vida social; não é inimiga da modelação dos fins dos indivíduos – mas ordenadora e coordenadora da sua realização. Por isso, só nega proteção, ou vistas as coisas por outro lado, só sanciona, quando e até onde os valores ou interesses que presidem a tal coordenação ou ordenação o exigem. E a ideia domina toda a teoria dos negócios jurídicos.' Nos Princípios de Direito Europeu dos Contratos, elaborados pela Comissão para o Direito Europeu dos Contratos, ficou estabelecido que 'as cláusulas do contrato devem ser interpretadas no sentido de que são lícitas e eficazes' (art. 5:106). O princípio da conservação dos contratos, aliás, já vinha expresso em vários Códigos: no francês (art. 1.157), no italiano (art. 1.367), no espanhol (art. 1.284), no português (art. 237), bem como admitido na jurisprudência alemã, na austríaca e na inglesa. Tal princípio também é adotado pelo Instituto Internacional para a Unificação do Direito Privado (UNIDROIT), nos Princípios de Contratos Comerciais Internacionais (art. 4.5): todos os termos de um contrato devem ser interpretados de maneira a produzir efeitos. O direito contemporâneo caminha, portanto, no sentido de assegurar os efeitos do negócio celebrado entre as partes, tanto quanto seja isto possível, em um autêntico favor contractus. Espera-se, afinal, que as partes tenham contratado para que o negócio valha e produza normalmente os seus efeitos, e não o contrário.". (MATTIETTO, Leonardo. Invalidade dos atos e negócios jurídicos. In: **A parte geral do Novo Código Civil: Estudos na Perspectiva Civil-Constitucional** (Gustavo Tepedino, coord.) 3ª ed., Rio de Janeiro: renovar, 2007, p. 352-353)

coletivas promovidas pelo Ministério Público ou outras entidades legitimadas para tutelar os consumidores e outros contraentes vulneráveis[278]".

Portanto, fica evidente que a autonomia da vontade não se apresenta mais como um princípio que possibilita aos contratantes uma liberdade ilimitada, pelo contrário, a nova visão, à luz do novo sistema civil brasileiro, é que a autonomia da vontade (visualizada agora como a "autonomia privada"), por influência do direito civil italiano e francês, sobretudo, com a inclusão e fortificação do princípio da boa-fé objetiva, bem como dos princípios da operabilidade, da socialidade (função social) e da eticidade, gera limitações que podem restringir a própria vontade dos contraentes, especialmente quando o objeto do contrato ocasionar danos e reflexos na sociedade, a terceiros ou à coletividade.

## 6.6 A função social, a rescisão e a revisão dos contratos: os impactos do Regime Jurídico Emergencial (Lei nº 14.010/2020) e as relações contratuais durante o período de exceção

Certamente, o decreto do estado de calamidade pública e a própria realidade social que ora se enfrenta evidencia os fortes impactos deste momento excepcional em nossas relações jurídicas, em todas as suas vertentes, especialmente considerando um dos principais reflexos, além, por evidente, daqueles de ordem econômica e trabalhista, causados nas próprias relações contratuais.

Neste momento em que se presencia um grave desequilíbrio econômico nas relações contratuais, urge a necessidade de se buscar, novamente, o reequilíbrio necessário das relações privadas, utilizando-se das medidas judiciais e extrajudiciais imprescindíveis para a justa necessidade de continuidade das relações, preservando-se a circulação de riquezas, o fomento à economia, a geração de empregos e a manutenção dos próprios postos de trabalho.

Como dito anteriormente, temos de ter em mente que momentos excepcionais exigem, também, medidas excepcionais. Tais medidas não devem ser tomadas como medidas consolidadas e definitivas, mas, sim, temporárias e passageiras, restabelecendo o devido equilíbrio econômico e, sobretudo, privilegiando a conservação dos contratos.

[278] THEODORO JÚNIOR, op. cit., p. 93.

Como sabido, o Código Civil possibilita, para os casos excepcionais, que seja pretendida tanto a revisão dos contratos, como a sua própria resolução, caso ocorram mudanças substanciais na relação contratual, ocasionadas por motivos imprevisíveis que tornem o valor da prestação devida manifestamente desproporcional (conforme o art. 317), bem como por acontecimentos extraordinários e também imprevisíveis que tornem a prestação de uma das partes excessivamente onerosa, com extrema vantagem para a outra (como preleciona o art. 478). O que se busca, neste momento de exceção, e como *ultima ratio*, é, sem dúvida, evitar a rescisão dos contratos, priorizando pela manutenção das relações e pela continuidade dos efeitos econômicos e sociais.

Desse modo, tem-se por rescisão contratual um gênero que reflete o término (ou extinção) da relação contratual, comportando duas espécies: a resilição e a resolução. Resilição é a modalidade de extinção do contrato pela livre manifestação das partes, ou seja, pretendendo extinguir a relação por intermédio da autonomia privada, seja de maneira bilateral, via distrato (art. 472, do CC), seja unilateralmente, mediante denúncia notificada à parte contrária (art. 473, do CC). Trata-se, pois, de correlação inerente à própria liberdade de contratar (e de querer permanecer vinculado ou não à relação contratual).

A resolução do contrato, por seu turno, é a modalidade de extinção da relação contratual que ocorre mediante o descumprimento da obrigação oriunda do vínculo contratual, ou seja, derivado do inadimplemento das obrigações nele estipuladas, seja de maneira voluntária (quando verificada a culpa ou o dolo do devedor); seja de forma involuntária, esta última verificada quando ocorrer a impossibilidade de cumprimento da obrigação em decorrência de caso fortuito (evento totalmente imprevisível) ou de força maior (evento previsível, mas inevitável).

Inclusive, é essa a determinação constante do art. 393 do CC, especificando que "o devedor não responde pelos prejuízos resultantes de caso fortuito ou força maior, se expressamente não se houver por eles responsabilizado".

É imperioso verificar que, nessa hipótese acima, somente poderia ser aplicada a resolução contratual, afastando a culpa, para os casos em que a obrigação é, por certo, impossível de ser cumprida, como ocorre com as obrigações de fazer, gerando um inadimplemento absoluto da obrigação. Tal como ocorre com o buffet alugado para a realização de uma festa, de um show desmarcado em razão das restrições impostas pela pandemia, resultando, nesses casos, na resolução do contrato, sem a imposição de perdas e danos (não há responsabilidade civil), retornando as partes ao estado em que se encontravam antes da relação jurídica contratual.

Por outro lado, se ainda é possível o cumprimento da obrigação, ou seja, se for ainda passível de execução, ainda que exista a modificação das bases nas quais aquela relação foi constituída, deve-se ter como premissa inicial a de que os efeitos da pandemia serão temporários e passageiros, possibilitando, sempre que possível, uma renegociação e a manutenção da relação contratual.

Nesse caso, pode-se falar na possibilidade de revisão dos contratos, em especial, pela onerosidade excessiva, até porque esta atual situação excepcional tem acarretado profundas mudanças nas relações contratuais, exigindo dos contratantes que se busque, sempre que possível, o reequilíbrio dessas relações e, quando não possível, aí sim, a sua resolução, aplicando o princípio da conservação do negócio jurídico[279].

[279] Sobre o tema leciona Paula Forgioni: "A vontade das partes tem em vista "escopos práticos de caráter típico, socialmente valoráveis por sua constância e normalidade, recorrente na vida da relação (...). Todo negócio tem uma razão prática típica e a ele imanente, um interesse social objetivo e socialmente controlável, a que deve atender. Concluindo: a função econômica do negócio, indispensável para sua correta compreensão, liga-se à "circulação dos bens e dos serviços" - perspectiva objetiva - e não ao subjetivismo das partes. Se os contratos empresariais visam sempre ao lucro, é impossível concebê-los distanciados da necessidade econômica que buscam objetivamente satisfazer, ou seja, à sua função econômica. g.n. Se as partes não contrataram pelo prazer de contratar, como assinalou CHIOVENDA, o contrato deve ser concebido de acordo com uma função (= função econômica = causa) e a interpretação da avença deve levar à sua consecução. Caso contrário, atirar-se-ia o contrato à inutilidade – decisão incompatível com a lógica do sistema. Em suma: se as partes contrataram, seu escopo era atingir determinada função econômica, porque o negócio não pode racionalmente ser entendido como atividade de deleite. Deve-se atender à função econômica, porque esse o destino dos contratos no sistema jurídico. Negar-lhe a função típica -ou querida pelas partes-é negar seu pressuposto de existência. A proteção da eficiência das decisões empresariais é outra fonte na qual há muito se fartam os intérpretes autênticos e o ordenamento jurídico brasileiro; a imposição de decisões que comprometam a segurança e a previsibilidade do mercado sempre causou preocupação, da mesma forma como as decisões que colocam em xeque a lógica do sistema. Nem sempre a boa-fé é observada pelos agentes econômicos e a "confiança" pode ser traída. A partir do instante em que a quebra de confiança trabalha contra o próprio direito, é esperado que normas jurídicas coajam os agentes econômicos a respeitá-las. Por isso, o sistema de direito comercial com um todo está voltado

Este momento excepcional, para o sistema contratual, tem apresentado consideráveis modificações da realidade outrora existente quando da formação dos contratos, para o período atual, de execução dessas relações, sendo necessária a busca por uma solução que traga, novamente, o devido equilíbrio contratual, sem que acarrete na extinção do vínculo contratual que, ressalta-se, não interessa para as partes, tampouco para a economia e à própria sociedade.

Assim, verifica-se necessário para o restabelecimento do equilíbrio a aplicação do art. 317 do Código Civil, estipulando a possibilidade de revisar o contrato "quando, por motivos imprevisíveis, for verificada a desproporção manifesta entre o valor da prestação devida e o do momento de sua execução, poderá o juiz corrigi-lo, a pedido da parte, de modo que assegure, quanto possível, o valor real da prestação".

Em última hipótese, pode-se, ainda, aplicar a regra do art. 478 do Código Civil para os contratos de execução continuada ou diferida, ressaltando que, para essas hipóteses, é possível pleitear a revisão contratual, sempre que se verificar que a prestação de uma das partes se tornar excessivamente onerosa, com extrema vantagem para a outra, em virtude de acontecimentos extraordinários e imprevisíveis, possibilitando, desse modo, ao devedor, se não possível o retorno às bases originárias da relação contratual, ao equilíbrio necessário para a permanência na relação, pedir a resolução do contrato[280].

à tutela de princípios como a boa-fé objetiva e a confiança. Negócios que são possíveis em um ambiente institucional com fortes garantias de cumprimento das obrigações podem não ser viáveis em ambientes institucionais fracos – porque não seria conveniente para as partes negociar nessa última situação. Uma das funções do direito comercial é buscar a criação de um ambiente que torne as negociações compensatórias". FORGIONI, Paula A. Contratos empresariais: teoria geral e aplicação. 2. ed., rev., atual. e ampl. – São Paulo: Editora Revista dos Tribunais, 2016, p. 117 e 242.

280 Para Rosa Maria de Andrade Nery e Nelson Nery Júnior, a busca por essa manutenção e permanência na relação contratual é da própria essência do Direito "que desempenha função na sociedade: (a) função histórica pacificadora, de equilíbrio, de segurança, de garantia, de coexistência social pacífica, de delimitação de anseios egoísticos que não atendam à conveniência da socialidade; (b) função de justiça. Mercê dessa função de atingir a segurança da sociedade promovendo a parificação e pacificação social, o sistema se nutre de mecanismos para viabilizar essa finalidade querida pela ciência. A função social do Direito é, antes de tudo, parificação e pacificação, mas não se pode deixar de lado a legalidade, primeira condição de toda civilidade, porque a doutrina do direito livre não merece essa denominação. Porque ela nega todo o direito e toda a liberdade, permitindo a incerteza, o temor do arbí-

Luiz Edson Fachin[281] explica, nesse sentido, *exempli gratia*, o contrato em que se apresenta onerosidade excessiva não atende à dimensão intrínseca do princípio da função social. Remarque-se que a função social do contrato é contemplada expressamente pelo Código Civil de 2002, em seu art. 421: "A liberdade contratual será exercida nos limites da função social do contrato".

E mais[282], continua ensinando que "quando os contratos firmados não atendem à sua função social, violam o princípio de status constitucional expressamente previsto no Código Civil. Como assevera o já citado Paulo Nalin, o contrato que não atende á sua função social é proscrito pelo ordenamento jurídico, incidindo sobre ele nulidade absoluta. Impende anotar, para adicionar, fato de elevada importância no ordenamento jurídico pátrio. É que esse entendimento é confirmado, expressamente, pelo disposto no art. 2.035, do CC/2002: Nenhuma convenção prevalecerá se contrariar preceitos de ordem pública, tais como os estabelecidos por este Código para assegurar a função social da propriedade e dos contratos".

Tem-se, ainda e por fim, uma terceira previsão legal que é aquela contida no art. 479 do Código Civil, tratando da chamada modificação equitativa das condições contratuais. Com efeito, estatui o sobredito artigo que a resolução do contrato poderá ser evitada, oferecendo-se o réu a modificar equitativamente as condições da relação contratual.

Nesse caso, temos mais uma hipótese subsidiária da possibilidade de oferta por parte do réu de modificar equitativamente as condições contratuais, buscando restabelecer o equilíbrio dessa resolução, no intuito de evitar a resolução do contrato pedida por quem sofre a excessiva onerosidade, prestigiando a aplicação do consagrado princípio da con-

trio, sede de privilégio, rixa perpétua e perpétua escravidão. A certeza do direito é específica eticidade do direito. (...) Para nós, de tradição ocidental, as instituições políticas e jurídicas estão a serviço da pessoa humana, cujos direitos fundamentais, tais como inscritos em sua natureza, são invioláveis." NERY, Rosa Maria de Andrade. Instituição de direito civil, v. I, tomo I: teoria geral do direito privado. – São Paulo: Revista dos Tribunais, 2014, p. 556-557.

281 FACHIN, Luiz Edson. Responsabilidade Civil: estudos em homenagem ao professor Rui Geraldo Camargo Viana / coordenação Rosa Maria de Andrade Nery, Rogério Donnini. – São Paulo: Editora Revista dos Tribunais, 2009. p. 316.

282 FACHIN, Luiz Edson. Responsabilidade Civil: estudos em homenagem ao professor Rui Geraldo Camargo Viana / coordenação Rosa Maria de Andrade Nery, Rogério Donnini. – São Paulo: Editora Revista dos Tribunais, 2009, p. 316-317.

servação dos negócios jurídicos. Ou seja, mais uma amostra da intenção do Código Civil de manter íntegra a relação jurídica contratual, pois, ainda que seja pretendida a resolução do contrato, se for oferecida pelo réu a modificação equitativa dessas condições/prestações do contrato, será priorizada a sua revisão[283].

Portanto, sempre que possível, será efetivada a revisão dos contratos, mantendo a relação contratual vigente, equilibrada, quando plausível, inclusive diante daquilo que o art. 480 do Código Civil possibilita, pois, "se no contrato as obrigações couberem a apenas uma das partes, poderá ela pleitear que a sua prestação seja reduzida, ou alterado o modo de executá-la, a fim de evitar a onerosidade excessiva"[284].

283 É necessário mencionar a decisão de 01/04/2020 do TJ-DF, que embora tenha acatado a teoria da imprevisão, em razão do abalo no funcionamento do escritório de advocacia de médio porte, provocada pela pandemia, ressalvou que a situação do locador no contexto do contrato a ser revisado também deve ser analisada. O tribunal enfatizou que a regra é a obrigatoriedade dos contratos, mas, "(...) Em situações como a presente, de calamidade, entretanto, o Poder Judiciário deve atuar de forma a mitigar as consequências da crise, distribuindo os prejuízos econômicos de forma adequada, de maneira a não agravar ainda mais a situação de depressão econômica." Assim, deferiu o pedido de antecipação de tutela recursal, em agravo de instrumento, para reduzir o valor da locação por 03 meses, "devendo eventual compensação, se existir, ser verificada apenas quando do julgamento do mérito, quando se terá maiores elementos para verificar as condições econômicas do locador." Ainda, o Tribunal reforçou que "eventual postergação da redução ou cessação dela poderá ser analisada quando da apresentação das Contrarrazões ao Agravo de Instrumento, em razão do avanço da Pandemia ou das condições econômicas do locador." Por fim, o juiz enfatizou a importância de se buscar uma solução adequada a elas, através da autocomposição: "Conclamo as partes à autocomposição, pois elas mesmas têm o conhecimento exato de suas capacidades econômicas e de mitigação de prejuízo para fins de manutenção, ao fim, do Contrato. (...)" (TJ-DF – Agravo de Instrumento – Processo nº 0707596-27.2020.8.07.0000).

284 Dessa forma, o ilustre jurista Antônio Junqueira de Azevedo, quando dos estudos a respeito dos negócios jurídicos, explica que: "tanto dentro de cada plano, quanto nas relações entre um plano e outro, há um princípio fundamental que domina toda a matéria da inexistência, invalidade e ineficácia; queremos nos referir ao princípio da conservação. Por ele, tanto o legislador quanto o intérprete, o primeiro, na criação das normas jurídicas sobre os diversos negócios, e os segundos, na aplicação dessas normas, devem procurar conservar, em qualquer um dos três planos, existência, validade e eficácia, o máximo possível do negócio jurídico realizado pelo agente. (...) O princípio da conservação consiste, pois, em se procurar salvar tudo que é possível num negócio jurídico concreto, tanto no plano de existência, quanto na eficácia. Seu fundamento se prende à própria razão de ser no negócio jurídico; sendo este uma espécie de fato jurídico, de tipo peculiar; isto é, uma declaração de vontade (manifestação da vontade a que o ordenamento jurídico imputa os efeitos mani-

Finalmente, pode-se verificar pelos recentes julgados proferidos durante o estado excepcional de calamidade pública a preocupação dos Tribunais[285] pela identificação dos elementos necessários para possibili-

festados como queridos), é evidente que, para o sistema jurídico, a autonomia da vontade produzindo auto-regramento de vontade, isto é, a declaração produzindo efeitos, representa algo de juridicamente útil. A utilidade de cada negócio poderá ser econômica ou social, mas a verdade é que, a partir do momento em que o ordenamento jurídico admite a categoria negócio jurídico, sua utilidade passa a ser jurídica, de vez que somente em cada negócio concreto é que existe a categoria negócio jurídico. Não fosse assim e esta permaneceria sendo sempre algo abstrato e irrealizado; obviamente, não foi para isso que o ordenamento jurídico a criou. O princípio da conservação, portanto, é a conseqüência necessária do fato de o ordenamento jurídico, ao admitir a categoria negócio jurídico, estar implicitamente, reconhecendo a utilidade de cada negócio jurídico concreto". AZEVEDO, Antônio Junqueira de. Negócio Jurídico: Existência, validade, eficácia. 4ª ed. São Paulo: Saraiva, 2002, p. 66.

285 Agravo de instrumento. Ação de obrigação de fazer. Plano de Saúde. Indeferimento do pedido de tutela provisória de urgência para impedir que a operadora rescinda ou suspenda o contrato de plano de saúde durante o período da pandemia de COVID-19. Inconformismo. Cabimento. Presença dos requisitos para a concessão da tutela de urgência ao caso. A suspensão ou o cancelamento do plano de saúde por inadimplência durante a pandemia de COVID-19 pode, em tese, caracterizar prática abusiva. Observância da boa-fé objetiva, equilíbrio na relação de consumo e função social do contrato. Operadora de plano de saúde impedida de suspender ou rescindir o contrato com fundamento no inadimplemento do consumidor durante a pandemia de COVID-19. Decisão reformada. Agravo provido. (TJSP; Agravo de Instrumento 2079032-25.2020.8.26.0000; Relator (a): Pedro de Alcântara da Silva Leme Filho; Órgão Julgador: 8ª Câmara de Direito Privado; Foro Central Cível - 18ª Vara Cível; Data do Julgamento: 17/07/2020; Data de Registro: 17/07/2020)

AGRAVO DE INSTRUMENTO. AÇÃO DE REVISÃO CONTRATUAL C/C PEDIDO DE TUTELA DE URGÊNCIA. EMPRESA TÊXTIL QUE ALEGA CRISE FINANCEIRA DADA A DESCONTINUIDADE DE ATIVIDADES NESSE PERÍODO DE PANDEMIA RELATIVA À COVID-19. TUTELA PROVISÓRIA. PEDIDO DE SUSTAÇÃO DO PROTESTO. AUSENTES OS REQUISITOS LEGAIS AUTORIZADORES DA CONCESSÃO DA TUTELA. PROBABILIDADE DO DIREITO ALEGADO NÃO DEMONSTRADA. INEXISTÊNCIA DE DEMONSTRAÇÃO DA IMPOSSIBILIDADE DO CUMPRIMENTO DA OBRIGAÇÃO TENDO COMO CAUSA DIRETA A PANDEMIA OCASIONADA PELO VÍRUS SARS-COV-2. - RECURSO DESPROVIDO. 1. Sustenta a agravante, em síntese, que em razão da pandemia vinculada à COVID-19 enfrenta crise financeira PODER JUDICIÁRIO TRIBUNAL DE JUSTIÇA DO ESTADO DE SÃO PAULO 22ª CÂMARA DA SEÇÃO DE DIREITO PRIVADO 3 que impede o regular pagamento de duplicata no valor de R$ 14.530,59, razão pela qual propôs ação revisional de contrato. Acrescenta que o problema é agravado em decorrência do trâmite do processo de recuperação judicial e da paralisação das suas atividades desde meados de março, o que representou uma queda de seu faturamento em mais de 95%. Assim, com fundamento na força maior e no princípio da preservação da empresa busca a agravante com a presente ação obter a prorrogação do vencimento tar uma revisão contratual, a depender das consequências e dos efeitos da pandemia para a própria relação contratual, sobretudo, buscando a manutenção das relações, o tanto quanto necessários, para a preservação dos direitos, das garantias e, principalmente, priorizando a função social dos contratos[286].

da obrigação por 30 dias após o término do estado de calamidade pública ou, subsidiariamente, 120 dias depois do vencimento da duplicata pugnando, liminarmente, pela sustação do protesto da duplicata vencida em 19/03/2020. O recurso foi processado no ordinário efeito devolutivo. 2. No caso concreto, a princípio, não se vislumbra plausibilidade das a legações da parte autora a permitir a concessão de tutela de natureza antecipada sem a oitiva da parte contrária. Com efeito, em sede de cognição não exauriente, própria deste momento processual, verifica-se que o vencimento da primeira parcela da duplicata em questão (fls. 65) ocorreu no dia 19/03/2020, isto é, na época em que teve início a prática do isolamento social ou quarentena, de modo que caberia à parte agravante ter provisionado verba para o pagamento de tal título, especialmente considerando que é empresa com experiência no ramo e que apresentou faturamento, nos meses anteriores ao do decreto de estado de calamidade pública, de quantias expressivas (fls. 115).3. Dessa forma, confirma-se a decisão que indeferiu a tutela provisória de urgência, por seus jurídicos fundamentos. (TJ-SP – AI: 20906791720208260000 SP 2090679-17.2020.8.26.0000, Relator: Edgard Rosa, Data de Julgamento: 13/05/2020, 22ª Câmara de Direito Privado, Data de Publicação: 13/05/2020)

286 AGRAVO DE INSTRUMENTO. MÚTUO BANCÁRIO. AÇÃO DE REVISÃO CONTRATUAL C/C PEDIDO COMINATÓRIO. ADVOGADO EM CAUSA PRÓPRIA QUE ALEGA CRISE FINANCEIRA PELA DESCONTINUIDADE DO FLUXO DE PAGAMENTOS PROVOCADA PELA PANDEMIA/COVID-19. TUTELA PROVISÓRIA. PEDIDO DE SUSPENSÃO DA EXIGIBILIDADE DAS PARCELAS DE EMPRÉSTIMOS CELEBRADOS COM A INSTITUIÇÃO FINANCEIRA RÉ. RENEGOCIAÇÃO EXTRAJUDICIAL INICIADA PELAS PARTES. PARÂMETROS QUE DEVEM SER PRESTIGIADOS, RESSALVADAS MEDIDAS QUE CAUSEM DESEQUILÍBRIO NA RELAÇÃO JURÍDICA. SUSPENSÃO DAS PRESTAÇÕES PELO PRAZO DE 60 DIAS, SEM INCIDÊNCIA, POR ORA, DE ENCARGOS ADICIONAIS. CABIMENTO. TUTELA PROVISÓRIA DEFERIDA PARCIALMENTE. – RECURSO PROVIDO EM PARTE. (TJ-SP – AI: 20705854820208260000 SP 2070585-48.2020.8.26.0000, Relator: Edgard Rosa, Data de Julgamento: 25/04/2020, 22ª Câmara de Direito Privado, Data de Publicação: 25/04/2020) AÇÃO DE RESCISÃO DE CONTRATO DE VENDA E COMPRA DE QUOTAS SOCIAIS DE SOCIEDADE EMPRESÁRIA, CUMULADA COM PEDIDOS DE ÍNDOLE INDENIZATÓRIA, EM FASE DE CUMPRIMENTO DE SENTENÇA HOMOLOGATÓRIA DE ACORDO. Decisão de indeferimento de pedido dos executados de suspensão de pagamento de parcelas do acordo por três meses, ou, subsidiariamente, sua redução em 50% do valor de cada mensalidade, em virtude das consequências geradas pela pandemia de Covid-19. Agravo de instrumento. Pandemia do coronavírus e suas consequências na economia. Os pleitos que, em decorrência da crise, chegam ao Judiciário, hão de ser vistos um a um, sem generalizações. Especificamente, deve-se procurar aquilatar, quando se se trata de reduzir valores, postergar, ou parcelar pagamentos, se estes já eram devidos anteriormente

Como visto, a revisão dos contratos, como a própria semântica do termo propõe, representa a reorganização das obrigações contratualmente estipuladas, evitando a extinção do vínculo, essa providência de *ultima ratio.*

O Código Civil permite tal revisão ou reorganização "quando, por motivos imprevisíveis, sobrevier desproporção manifesta entre o valor da prestação devida e o do momento de sua execução" (art. 317), adotando a chamada e já vista anteriormente teoria da imprevisão. Também se admite a revisão dos contratos, nos termos dos arts. 479 e 480 do Código Civil: "Art. 479. A resolução poderá ser evitada, oferecendo-se o réu a modificar eqüitativamente as condições do contrato. Art. 480. Se no contrato as obrigações couberem a apenas uma das partes, poderá ela pleitear que a sua prestação seja reduzida, ou alterado o modo de executá-la, a fim de evitar a onerosidade excessiva.".

Aliás, há entendimento de que o disposto no referido art. 478 também autoriza a revisão dos contratos, até como forma de sempre buscar, como premissa, a conservação desses últimos. Por exemplo, o Enunciado n° 176 do CJF/STJ, da III Jornada de Direito Civil, segundo o qual "Em atenção ao princípio da conservação dos negócios jurídicos, o art. 478 do Código Civil de 2002 deverá conduzir, sempre que possível, à revisão judicial dos contratos e não à resolução contratual".

Nesse sentido, determina o RJET, em seu art. 6°, que: "As consequências decorrentes da pandemia do coronavírus (Covid-19) nas execuções dos contratos, incluídas as previstas no art. 393 do Código Civil, não terão efeitos jurídicos retroativos.". Tal disposição parece trazer dois pontos de atenção importante e que, na visão desses autores e com a derrubada do veto, representam discussão válida para o cenário

à pandemia, ou se foram causados – e em que medida – por esta. No caso concreto, o princípio "pacta sunt servanda" há de ser mitigado, uma vez que, diante da situação de força maior, houve restrição de funcionamento do estabelecimento, com notória queda de receita, tendo a empresa que se readequar com serviços de "delivery", que ainda não atingiram os mesmos níveis do atendimento presencial. Impossibilidade momentânea de pagamento das parcelas avençadas. Defere-se, deste modo, redução parcial de parcelas contratadas, que serão, à frente, reincorporadas ao saldo devedor e devidamente pagas pela agravante. Reforma da decisão agravada. Agravo de instrumento a que se dá parcial provimento. (TJSP; Agravo de Instrumento 2065856-76.2020.8.26.0000; Relator (a): Cesar Ciampolini; Órgão Julgador: 1ª Câmara Reservada de Direito Empresarial; Foro Central Cível – 11ª Vara Cível; Data do Julgamento: 16/07/2020; Data de Registro: 16/07/2020)

de disposições obrigacionais no País. De um lado, reconhece, ao menos implicitamente, a eficácia fático-jurídica das consequências associadas à pandemia. Ora, só é possível impedir efeitos retroativos daquilo que possa, efetivamente, produzir efeitos. De outro, estabelece um marco de irretroatividade dos efeitos da pandemia das relações contratuais, o qual, nos termos do art. 1º, parágrafo único, do RJET, é 20 de março de 2020, data da publicação do Decreto Legislativo nº 6.

O RJET, assim, preza mais uma vez pela segurança jurídica das relações, de modo que toda e qualquer consequência do estado socioeconômico da pandemia, inclusive aqueles que representem caso fortuito ou força maior, apenas poderão, como regra, produzir efeitos a partir dessa data.

Como visto anteriormente, somente poderia ser aplicada a resolução contratual, com a exclusão da culpa por caso fortuito ou força maior (art. 393 do CC), para os casos em que a obrigação é, por certo, impossível de ser cumprida, gerando um inadimplemento absoluto da obrigação, mas com a efetiva comprovação que o referido descumprimento ocorreu em razão das consequências econômicas, jurídicas ou sociais decorrentes da pandemia. Nesse sentido, viabilizou o RJET que os efeitos desse inadimplemento, ao contrário de retroagirem ao status quo ante, ou seja, de quando a relação jurídica foi consolidada, prioriza-se pela preservação dos efeitos, por questões de segurança jurídica e de preservação social e econômica.

Em termos práticos e para fins legais, as consequências da pandemia só poderão, como regra, exercer influência na resolução ou revisão dos contratos a partir da mesma data. Importante verificar se ainda é, de fato, viável o cumprimento da obrigação, ainda mais relembrando o que anteriormente foi dito, de que os efeitos da pandemia, esperemos, sejam temporários e passageiros, o que possibilita uma também temporária renegociação, preservando íntegra a relação contratual e visando ao reequilíbrio dessas bases contratuais.

Dessa forma, verifica-se necessário para o restabelecimento do equilíbrio a aplicação do art. 317 do Código Civil, estipulando a possibilidade de revisar o contrato "quando, por motivos imprevisíveis, for verificada a desproporção manifesta entre o valor da prestação devida e o do momento de sua execução, poderá o juiz corrigi-lo, a pedido da parte, de modo que assegure, quanto possível, o valor real da prestação".

E, em última hipótese, pode-se, ainda, aplicar a regra do art. 478 do Código Civil, para os contratos de execução continuada ou diferida, ressaltando que, para essas hipóteses, é possível pleitear a revisão contratual, sempre que se verificar que a prestação de uma das partes se tornar excessivamente onerosa, com extrema vantagem para a outra, em virtude de acontecimentos extraordinários e imprevisíveis, possibilitando, desse modo, ao devedor, se não possível o retorno às bases originárias da relação contratual, ao equilíbrio necessário para a permanência na relação, pedir a resolução do contrato.

Por exemplo, no caso da onerosidade excessiva (art. 478, CC), a desproporcionalidade das obrigações bilaterais pode ser assim considerada, se em razão da pandemia, apenas e tão somente a partir de 20 de março de 2020. Antes disso, a onerosidade excessiva pode, sim, ser observada, mas não juridicamente em razão das consequências da Covid-19.

Essa é a espécie de situação que o art. 6º propõe, ainda mais com a derrubada do veto, retornando ao texto legal e remanescendo o cenário jurídico de necessária segurança, até porque o devedor não pode invocar, supostamente, os efeitos da pandemia para buscar-se eximir de responsabilidade, quando do descumprimento obrigacional antes mesmo da própria epidemia.

Na sequência, diz o art. 7º, *caput*, também com o veto presidencial derrubado, que: "Não se consideram fatos imprevisíveis, para os fins exclusivos dos arts. 317, 478, 479 e 480 do Código Civil, o aumento da inflação, a variação cambial, a desvalorização ou a substituição do padrão monetário.".

Os dispositivos citados, como visto anteriormente, trazem consigo a possibilidade de aplicação concreta da teoria da imprevisão, de modo que, na existência de fatos imprevisíveis para ambas as partes, (i) poderia o juiz corrigir desproporção manifesta entre o valor da prestação devida e o do momento de sua execução (art. 317, CC); (ii) somada à primeira situação, poderia ficar caracterizada a onerosidade excessiva apta a autorizar a resolução do contrato (art. 478, CC); ou (iii) poder-se-ia justificar a revisão das relações obrigacionais que se apresentassem desproporcionais (arts. 479 e 480, CC).

Assim, o RJET estabelece que, exclusivamente para essas situações, o aumento da inflação, a variação cambial, a desvalorização ou a substituição do padrão não são considerados fatos imprevisíveis aptos, como tais, a justificar a aplicação dos artigos estritamente relacionados. Fora das situações de revisão e resolução – e observe-se que mais uma vez não se fala em resilição, dado que essa se dá pela manifestação de vontade das partes – como no caso da correção monetária de prestações, as consequências da pandemia produzem seus efeitos normalmente e integram eventuais bases de cálculo normalmente.

Ainda, o §1° prevê que tal dinâmica não é aplicável aos contratos de consumo disciplinados pelo Código de Defesa do Consumidor ou para os contratos de locação regidos pela Lei nº 8.245 de 1991 ou Lei de Locações. Não é aplicável a tais contratos, portanto, a limitação temporal dos efeitos propostos no art. 6º, e a imprevisibilidade ainda é preservada, mesmo em razão das consequências da pandemia, muito para assegurar a preservação dos direitos constitucionais caros diretamente envolvidos tanto na relação de consumo como na relação locatícia.

Nesses casos, imperioso verificarmos que as bases protetivas de cada legislação são maiores e diversas daquelas tuteladas pelo Código Civil. Há uma efetiva necessidade de se proteger o consumidor (hipossuficiente na relação), sobretudo em razão daquilo já colocado, do superendividamento, da compra por compulsão neste momento de desequilíbrio e desarmonia jurídico-social, necessitando de uma necessária retroatividade para recompor prejuízos, especialmente para não imputar a esses consumidores um mal maior do que o já experimentado no momento atual, como também ocorre, da mesma forma, com as relações locatícias, onde há a percepção da necessidade de deixar a critério dos envolvidos nessa relação (locador e locatário) a devida renegociação/repactuação daquilo originalmente contratado (valor do aluguel, prazo para pagamento das parcelas vincendas, incidência – ou não – de multa contratual, congelamento da atualização, afastamento dos juros, dentre outras possibilidades).

Tanto é que, para as relações de consumo, o próprio §2°, ao seu turno, reforça a ideia de que as normas de proteção ao consumidor seguem regime próprio para a revisão ou rescisão dos contratos, não se aplicando as normas contratuais subordinadas ao Código Civil. A ideia do dispositivo é *excepcionar a exceção* do §1°, deixando claro que, para as relações civis próprias, sem qualquer relação de fornecedor e destinatário final, nos termos da interpretação corrente do CDC, a dinâmica posta pelo RJET é plenamente aplicável.

# 7. O Contrato de Adesão e a sua Função Social

## 7.1 Nova realidade dos contratos

No Brasil, a proteção do consumidor iniciou antes mesmo da Constituição de 1988[287], quando toda a sociedade, frente à célere evolução, buscava a proteção digna dos direitos decorrentes da relação de consumo que, até àquele momento, não eram respeitados de forma firme e séria.

O Código de Defesa do Consumidor (L. 8.078/90), sendo uma grande positivação, tornando-se o grande marco legislativo, após a ordem da Constituição no sentido de legislar uma norma que regesse as relações de consumo. Essa norma, verdadeira vitória aos consumidores, veio imbuída em vários princípios que se tornaram muito importantes para a efetivação dos direitos dos consumidores.

O princípio da publicidade[288] foi uma grande valia, garantindo a efetiva divulgação de tudo que se dê na relação de consumo; mencionado princípio deu base ao princípio da informação, que garantiu e garante aos consumidores a devida informação sobre o produto ou serviço que se está a contratar, tanto uma informação desqualificada quanto qualificada.

Neste sentido, observem-se as lições deixadas por Calais-Auloy, afirmando que:

> Dès avant la formation du contrat, le consommateur se trouve en face professionnels qui lui proposent des biens et des services à des condi-

[287] Efing, Antônio Carlos [et al.]. **Direito do consumidor.** Curitiba: Juruá, 2001, p. 25.

[288] Calais-Auloy, Jean. **Droit de la consommation.** 12 ed., Paris: Dalloz, 1986, p. 96.

> tions déterminées. Ces rapports préliminaires influent sur la décision que prenda Le consommateur et sur la situation dans laquelle il se trouvera s'il décide de contracter.
> (...)
> L'iformation des consommateurs emane de deux surcroît, un facteur de développement de la concurrence.[289]

Essa ideia de informação, que deve ser muito respeitada para manter a harmonia entre consumidor[290] e fornecedor[291], é o elo de ligação entre estes e a fonte mantenedora da boa prestação, que merece o consumidor, por parte do fornecedor, que assume os riscos de sua atividade, que, por vezes, é empresarial e massificada.

Essa celeridade nas negociações é traço claro da chamada pós-modernidade[292] que é muito bem tratada por Jayme revelando essa ocorrência na Europa, sendo por alguns considerada aplicável em nosso País e, por outros, não, sob o intento de afirmarem que sequer existiu modernidade em nosso País.

A nova realidade contratual é complexa, vejamos o que nos diz a sábia jurista Marques, *verbis*: "Na sociedade de consumo, com seu sistema produção e de distribuição em grande quantidade, o comércio jurídico se despersonalizou e se desmaterializou. Os métodos de contra-

[289] Ibidem, p. 33-35.

[290] O conceito de consumidor está disposto no art. 2º do Código de Defesa do Consumidor, intitulando-o como "toda pessoa física ou jurídica que adquire ou utiliza produto ou serviço como destinatário final." Para melhor explorar o conceito de consumidor vide MARQUES, Claudia Lima. **Contratos no código de defesa do consumidor**: o novo regime das relações contratuais. 4 ed. São Paulo, Revista dos Tribunais, 2002, p. 252-253; também vide BONATTO, Cláudio. **Código de defesa do consumidor: cláusulas abusivas nas relações contratuais de consumo**. 2. ed. Porto Alegre: Livraria do advogado, 2004, p. 71-72. BENJAMIN, Antônio Herman de Vasconcelos. O conceito jurídico de consumidor. **Revista dos Tribunais**, São Paulo, v. 628, p. 71-72, fev. 1988.

[291] Segundo o próprio Código de Defesa do Consumidor, em seu art. 3, "Fornecedor é toda pessoa física ou jurídica, pública ou privada, nacional ou estrangeira, bem como os entes despersonalizados, que desenvolvem atividade de produção, montagem, criação, construção, transformação, importação, exportação, distribuição ou comercialização de produtos ou prestação de serviços". Neste sentido deve ser observada a menção feita em BENJAMIN; MARQUES; BESSA, op. cit., p. 79-80.

[292] JAYME, Erik. **Cours général de droit intenacional prive** (t. 251). Paris: Académie de droit international, 1997, p. 36-37.

tação em massa, ou estandardizados predomina em quase todas as relações contratuais entre empresas e consumidores."[293]

É neste âmbito que estamos a circular: uma sociedade massificada e muito apressada em obter os bens e serviços contratados, o que faz com que passemos por todas essas ocorrências que tornam o Direito algo ainda mais complexo.

Essa nova realidade, no âmbito dos contratos, é muito distinta da vivida há tempos, quer por se contratar mais e de forma distinta, quer por se contratar em bloco.

A nova vertente do contrato são as contratações em massa[294], que, de qualquer forma, otimizam, e muito, a busca dos consumidores em ter o produto ou serviço à sua disposição, sendo este o objetivo supremo dos consumidores, o de logo quanto possível obter aquilo que pretendem negociar.

Essa busca desenfreada pela negociação de forma rápida, ao mesmo tempo que dá ao consumidor o pretendido bem ou serviço, fragiliza sua atuação frente ao fornecedor, que passa a se utilizar dos contratos adesivos para solucionar a alta demanda, deixando de lado a ideia de paridade contratual, que poderia ser empregada.

Aqui temos um prejuízo para o consumidor, que, além de hipossuficiente, não terá a mínima possibilidade de barganhar para com seu fornecedor, o qual, embasado na alta procura, precisa ser eficaz, suportando toda a demanda possível, maximizando seu lucro, situação esta que, não raras vezes, coloca o consumidor em condição de desprestígio, sendo, efetivamente, mais um número e não o consumidor.

[293] MARQUES, Claudia Lima. **Contratos no código de defesa do consumidor**: o novo regime das relações contratuais. 4 ed. São Paulo, Revista dos Tribunais, 2002, p. 52-53.

[294] Marques aduz que: "Como se observa na sociedade de massa atual, a empresa ou mesmo o Estado, pela sua posição econômica e pelas suas atividades de produção ou distribuição de bens ou serviços, encontram-se na iminência de estabelecer uma série de contratos no mercado. Estes contratos são homogêneos em seu conteúdo (por exemplo, vários contratos de seguro de vida, de compra e venda a prazo de bem móvel), mas concluídos com uma série ainda indefinida de contratantes. Logo, por uma questão de economia, de racionalização, de praticidade e mesmo de segurança, a empresa predispõe antecipadamente um esquema contratual, oferecido à simples adesão dos consumidores, isso é, pré-redige um complexo uniforme de cláusulas, que serão aplicáveis indistintamente a toda esta série de futuras relações contratuais. (*Ibidem.*, p. 53)

Essa nova realidade dos contratos deve ser compreendida e observada, pois se mudou a noção de contratação, passando-se à ideia de não mais contratar de forma única, mas, sim, de forma conjunta, na qual vários consumidores aderem às mesmas cláusulas sem possibilidade de discussão, restando-lhes apenas aceitar ou não aceitar, retirando-se dos consumidores a possibilidade de escolha, porquanto o cidadão precisa de um serviço que é imprescindível e que só pode ser obtido por meio da contratação com aquela empresa, que só negocia na modalidade adesiva.

Essa realidade, até o presente momento, não pode ser mudada, sob pena de não disponibilizar aos consumidores os produtos e serviços pretendidos, causando um caos social, pelo só fato de que as pessoas não poderiam ter os bens ou serviços necessários à sua digna condição de vida. Por tudo isso, essa nova realidade contratual chegou, e com toda força, sem ter data marcada para deixar de ser aplicada.

## 7.2 O contrato de adesão

Trata-se de modalidade contratual em que o fornecedor de produtos ou serviços, de forma unilateral, estabelece as cláusulas do contrato sem que seja permitido a outra parte discutir ou modificar substancialmente o seu conteúdo[295]. Essa modalidade está prevista no art. 54, do Código de Defesa do Consumidor[296], porém, isso não significa que todo contrato de adesão seja um contrato decorrente da relação de consumo, como no caso dos contratos de franchising que possui regime jurídico próprio (Lei 13.966/2019 – Nova Lei de Franquia).

Na doutrina nacional, Marques define o contrato de adesão como sendo "(...) aquele cujas cláusulas são preestabelecidas unilateralmente pelo parceiro contratual economicamente mais forte (fornecedor), *ne varietur*, isto é, sem que o outro parceiro (consumidor) possa discutir ou

[295] Farina, Juan M. **Defensa del consumidor y del usuario**. 2 ed. Buenos Aires: Astrea, 2000, p. 373-374. Grinover, Ada Pellegrini [et al.]. **Código brasileiro de defesa do consumidor**: comentado pelos autores de anteprojeto. 9. ed. Rio de Janeiro: Forense Universitária, 2007, p. 633-634. Stiglitz, Gabriel S. **Derecho del consumidor**. Rosário: editorial Juris, 2000, p. 34-35.

[296] CDC – Art. 54. Contrato de adesão é aquele cujas cláusulas tenham sido aprovadas pela autoridade competente ou estabelecidas unilateralmente pelo fornecedor de produtos ou serviços, sem que o consumidor possa discutir ou modificar substancialmente seu conteúdo.

modificar substancialmente o conteúdo do contrato escrito[297]. Venosa, ensinando a respeito dos contratos de adesão, aduz que:

> Trata-se do típico contrato que se apresenta com todas as cláusulas predispostas por uma das partes. A outra parte, o aderente, somente tem a alternativa de aceitar ou repelir o contrato. Essa modalidade não resiste a uma explicação dentro dos princípios tradicionais de direito contratual, como vimos. O consentimento manifesta-se, então, por simples adesão às cláusulas que foram apresentadas pelo outro contratante. Há condições gerais nos contratos impostas ao público interessado em geral. Assim é o empresário que impõe a maioria dos contratos bancários, securitários, de transporte de pessoas ou coisas, de espetáculos públicos etc. Isso não significa que, por exceção, esse empresário, em situações excepcionais, deixe de contratar, sob a forma tradicional, um seguro, um financiamento bancário ou o transporte de determinada pessoa ou coisa. Não é, no entanto, a regra geral. Para o consumidor comum, não se abre a discussão ou alteração das condições gerais dos contratos ou das cláusulas predispostas. Enquanto não houver adesão ao contrato, as condições gerais dos contratos não ingressam no mundo jurídico.[298]

Na doutrina estrangeira, o conceito do contrato de adesão também segue a mesma ideia. Neste sentido, Saleilles, na França, e Messineo, na Itália, respectivamente:

> Il y a de prétendus contrats qui n'ont Du contrat que le nom, et dont la construcion juridique reste à faire; pour lesquels, en tous cas, les règles d'interprétation individualle qui viennent d'être décrites devraient subir, sans doute, d'importantes modifications; ne serait ce que pour ce que l'on pourrait appeler faute de ,mieux, les contrats d'adhésion, dans lesquels il y a la predominance exclusive d'une seule volonté, agissant comme volonté unilatérale, qui dicte as loi, non plus à un indivudu, mais à une collectivité ndéterminée, et qui s'engage déjà par avance,

[297] Marques, Claudia Lima. **Contratos no código de defesa do consumidor**: o novo regime das relações contratuais. 4 ed. São Paulo, Revista dos Tribunais, 2002, p. 58.

[298] Venosa, Sílvio de Salvo. **Direito civil**: contratos. 17 ed. São Paulo: Atlas, 2017, p. 34-35.

> unilatéralement sauf adhésion de ceux qui voudront accepter la loi du contrat, et s'emparer de cet egagement déjà créé sur soi-même.[299]

> Contratto per adesione – si chiama cosi... quel contratto, nel quale le clausole son pretederminate e proposte da uno solo dei contraenti, sì che l'altro non há Il podere d'introdursi modificazioni e, se non vuole accetarle, deve renunciare alla stipulazione del contratto: el che introduce un limite alla liberta contratuale... e si risolve um'imporsizione del contenuto contrattuale[300].

Já no âmbito jurisprudencial, a definição desse contrato foi feita pelo Superior Tribunal de Justiça, porém, seguiu a mesma orientação legislativa e as reflexões doutrinárias acima mencionadas, *in verbis*:

> CIVIL. COMPRA E VENDA DE IMÓVEL RESILIDA PELA VONTADE UNILATERAL DO ADQUIRENTE. CÓDIGO DO CONSUMIDOR. 1. CONTRATO DE ADESÃO. Contrato de adesão é aquele cujo conteúdo não pode ser substancialmente modificado pelo consumidor (Lei nº 8.078/90, art. 54, caput), em cujo rol se inclui o contrato de compra e venda de apartamento, salvo se, v.g., comprovada ou a modificação da planta padrão ou a redução significativa do preço ou o respectivo parcelamento em condições não oferecidas aos demais adquirentes de unidades no empreendimento. (...) . Recurso especial não conhecido[301].

Essa modalidade contratual, como o próprio nome indica, há uma adesão ao seu conteúdo. Essa aderência não possibilita que a outra parte trabalhe na mudança das cláusulas que já foram previamente estabelecidas para aquela modalidade de relação jurídica. Aliás, é certo que esse contrato está presente na maioria expressiva das modalidades das

[299] SALEILLES, Raymind. **De la declaration de volonté**. Paris: F. Pichon, 1929, p. 229.

[300] MESSINEO, Francesco. **Dottrina Generale del contratto**. 3 ed. Milão: Dott. A. Giuffrè, 1957, p. 255. O mesmo autor continua afirmando, verbes" che entrambi i contraenti godono di tutela di eguale intensità, da parte della legge; che nessuno di essi può fare appelo, se nom alla libera determinazione dell'altro, perchè addibenga alla stipulazione del contratto (libertà di contarre) e che nessuno di essi può imporre unilateralmente il contenudo del contratto (lerbertà contrattuale) (Idem., p. 33).

[301] REsp 59.870/SP, Rel. Ministro ARI PARGENDLER, TERCEIRA TURMA, julgado em 16/11/1999, DJ 07/02/2000, p. 149.

relações de consumo, como nos casos de contratação da prestação de serviços de fornecimento de água potável, energia elétrica, internet, telefonia *etc.*

A única "liberdade" que a parte contratante possui existente com relação ao contrato de adesão é a de aceitar ou não o contrato. Importante abordar esse ponto, pois o art. 54, §1º, do CDC, aduz que a inserção de uma cláusula no formulário do contrato de adesão não o faz perder esta natureza, desde que ela não seja capaz de modificar substancialmente o conteúdo do contrato, ou seja, a relação desigual estabelecida entre as partes continua existindo, devendo ser aplicada todas as regras do Código de Defesa do Consumidor que visam a estabelecer uma relação mais equilibrada[302].

O equilíbrio que busca estabelecer o Código de Defesa do Consumidor nos contratos de adesão é verificado a partir de vários mecanismos. Um deles é o viés interpretativo, cujos artigos 47, do CDC[303], 423 e 424, do CC/02[304], determinam que, nesse tipo de contrato, as cláusulas contratuais deverão ser interpretadas de forma favorável ao consumidor, em especial quando elas forem ambíguas ou contraditórias; além dessas, aquelas que preveem renúncia antecipada a qualquer direito deverão ser nulificadas[305].

[302] Neste sentido a Terceira Turma do Superior Tribunal de Justiça decidiu: "RECURSO ESPECIAL. CIVIL. SEGURO DE VIDA EM GRUPO E ACIDENTES PESSOAIS. GARANTIA IPA. LESÃO OCUPACIONAL. INCAPACIDADE PARCIAL DEFINITIVA. VALOR DA INDENIZAÇÃO. PROPORCIONALIDADE. GRAU DE INVALIDEZ. PREVISÃO CONTRATUAL E NORMATIVA. DEVER DE INFORMAÇÃO AO CONSUMIDOR. OBEDIÊNCIA. ADICIONAL AUTÔNOMO DE 200% SOBRE A COBERTURA BÁSICA DE MORTE. INEXISTÊNCIA. GARANTIA SECURITÁRIA E FÓRMULA DE CÁLCULO. CONCEITUAÇÃO. (...) 6. As normas consumeristas visam equilibrar a relação contratual e não desequilibrá-la de forma arbitrária ou desmedida apenas para favorecer a qualquer custo a figura do consumidor. (...) 8. Recurso especial provido.". (REsp 1727718/MS, Rel. Ministro Ricardo Villas Bôas Cueva, TERCEIRA TURMA, julgado em 08/05/2018, DJe 18/05/2018)

[303] CDC – Art. 47. As cláusulas contratuais serão interpretadas de maneira mais favorável ao consumidor.

[304] CC/02 – Art. 423. Quando houver no contrato de adesão cláusulas ambíguas ou contraditórias, dever-se-á adotar a interpretação mais favorável ao aderente. Art. 424. Nos contratos de adesão, são nulas as cláusulas que estipulem a renúncia antecipada do aderente a direito resultante da natureza do negócio.

[305] Seguindo essa linha, o Superior Tribunal de Justiça tem anulado as cláusulas de renúncia à jurisdição estatal em detrimento do procedimento de arbitragem, *in verbis*: RECURSO

Diante dessas dificuldades, o art. 53, §4º, do CDC, exige que qualquer cláusula do contrato de adesão que implique a restrição de direito do consumidor aderente deverá ser redigida com o devido destaque e que dela permita a imediata compreensão. O Superior Tribunal de Justiça, analisando um contrato de adesão de seguro, observou que a cláusula limitadora dos direitos do consumidor estava devidamente destacada, permitindo a sua fácil compreensão, considerando-a legal, conforme abaixo:

> AGRAVO INTERNO NO AGRAVO EM RECURSO ESPECIAL. AÇÃO DE COBRANÇA. APÓLICE DE SEGUROS DE TRANSPORTE DE CARGAS. GARANTIA EM CASO DE FURTO, ROUBO, APROPRIAÇÃO INDÉBITA OU ESTELIONATO LIMITADA AO DESAPARECIMENTO CONCOMITANTE DO VEÍCULO TRANSPORTADOR. LEGALIDADE. CLÁUSULA REDIGIDA DE FORMA CLARA E COM DESTAQUE. ENTREGA DA MERCADORIA EM ENDEREÇO DIVERSO DO DESTINATÁRIO FINAL. PERDA APENAS

ESPECIAL. PROCESSUAL CIVIL E CONSUMIDOR. CONTRATO DE ADESÃO. AQUISIÇÃO DE UNIDADE IMOBILIÁRIA. CONVENÇÃO DE ARBITRAGEM. LIMITES E EXCEÇÕES. CONTRATOS DE CONSUMO. POSSIBILIDADE DE USO. AUSÊNCIA DE FORMALIDADE. IMPOSIÇÃO. PROIBIÇÃO. (...) 2. O propósito recursal consiste em avaliar a validade de cláusula compromissória, contida em contrato de aquisição de um lote em projeto de parcelamento do solo no município de Senador Canedo/GO, que foi comercializado pela recorrida. 3. O art. 51, VII, do CDC se limita a vedar a adoção prévia e compulsória da arbitragem, no momento da celebração do contrato, mas não impede que, posteriormente, diante do litígio, havendo consenso entre as partes – em especial a aquiescência do consumidor –, seja instaurado o procedimento arbitral. Precedentes. 4. É possível a utilização de arbitragem para resolução de litígios originados de relação de consumo quando não houver imposição pelo fornecedor, bem como quando a iniciativa da instauração ocorrer pelo consumidor ou, no caso de iniciativa do fornecedor, venha a concordar ou ratificar expressamente com a instituição. 5. Pelo teor do art. 4º, § 2º, da Lei de Arbitragem, mesmo que a cláusula compromissória esteja na mesma página de assinatura do contrato, as formalidades legais devem ser observadas, com os destaques necessários. Cuida-se de uma formalidade necessária para a validades do ato, por expressa disposição legal, que não pode ser afastada por livre disposição entre as partes. 6. Na hipótese, a atitude da consumidora em promover o ajuizamento da ação evidencia a sua discordância em submeter-se ao procedimento arbitral, não podendo, pois, nos termos do art. 51, VII, do CDC, prevalecer a cláusula que impõe a sua utilização, visto ter-se dado de forma compulsória. 7. Recurso especial conhecido e provido. (REsp 1785783/GO, Rel. Ministra Nancy Andrighi, TERCEIRA TURMA, julgado em 05/11/2019, DJe 07/11/2019)

> DA CARGA. DESÍDIA DO TRANSPORTADOR QUE AFASTA O DIREITO AO RECEBIMENTO DE INDENIZAÇÃO. AGRAVO NÃO PROVIDO.
> 1. Esta Corte Superior já se manifestou sobre a possibilidade de exclusão de cobertura nos casos em que o dano ao bem segurado é decorrente de apropriação indébita ou estelionato, limitando-a às hipóteses de roubo ou furto, consignando que as cláusulas contratuais de cobertura devem ser interpretadas restritivamente.
> 2. No caso dos autos, a restrição contratual é ainda menor. O contrato de seguro contém cláusula que prevê a cobertura para sinistro ocorrido com carga decorrente de apropriação indébita ou estelionato, mas exclui tal direito quando, no sinistro, não se perder também o veículo transportador. **Tal cláusula está redigida com destaque, permitindo sua imediata e fácil compreensão, não sendo, pois, abusiva.**
> (...) 5. Agravo regimental a que se nega provimento[306].

Importante destacar que, embora o contrato de adesão pressuponha a existência de um desiquilíbrio na relação, o ordenamento jurídico traz instrumentos suficientes para compensar esse desnivelamento entre o contratado e o contratante. Além disso, o contrato de adesão, embora sofra algumas críticas por parte da doutrina, é fato que ele possui uma função social que deve ser perquirida a todo instante pelo fornecedor, a fim de garantir a sua manutenção no atual Estado de Direito.

## 7.3 O diálogo das fontes: entre o Código de Proteção e Defesa do Consumidor e o Código Civil

O diálogo das fontes é um princípio instituído a partir da necessidade de interlocução entre os direitos formadores de um sistema. No caso do Código de Proteção e Defesa do Consumidor, esse princípio busca, junto ao Código Civil, regras que, de alguma forma, podem ser aplicadas às relações de consumo sem que essas percam essa qualidade. Nas palavras de Jayme:

> Dès lors que l' on évoque la communication em droit international privé, le phénomène le plus important est le fait que la solution des

[306] AgRg no AREsp 402.139/SC, Rel. Ministro Raul Araújo, QUARTA TURMA, julgado em 20/08/2015, DJe 11/09/2015.

> conflits de lois emerge comme résultat d' **un dialogue entre les sources** le plus hétérogènes.[307]
> **(grifo nosso)**

É disso que se fala de conversação entre normas, que no caso em específico seria do Código de Defesa do Consumidor e do Código Civil de 2002, sendo por essa conversação aplicáveis os institutos jurígenos de ambas as normas.

No Brasil, esse tema é abordado por Marques que, ao se referir a Jayme, assevera que o diálogo das fontes seria no sentido de expressar a necessidade de uma aplicação coerente das leis de Direito privado coexistentes no sistema[308]. Deve-se perceber que a busca da aplicação deste diálogo entre as normas nada mais é do que a busca do desvio do conflito existente entre as normas, por ser uma lei anterior e uma lei posterior[309].

Esse princípio já foi objeto de abordagem pelo Supremo Tribunal Federal, na Ação Direta de Inconstitucionalidade n. 2.591, o qual concluiu pela constitucionalização da aplicação do Código de Defesa do Consumidor às atividades bancárias, sendo, assim, reconhecida a influência do diálogo das fontes. Dizia o Min. Joaquim Barbosa, *verbis*:

> Entendo que o regramento do sistema financeiro e a disciplina do consumo e da defesa do consumidor podem perfeitamente conviver. Em muitos casos, o operador do direito irá deparar-se com fatos que conclamam a aplicação de normas tanto de uma como de outra área do conhecimento jurídico. Assim ocorre em razão dos diferentes aspectos que uma mesma realidade apresenta, fazendo com que ela possa amoldar-se aos âmbitos normativos de diferentes leis. (...) não há, a priori, por que falar em exclusão formal entre essas espécies normativas, mas, sim, em influências recíprocas, em aplicação conjunta das duas normas

[307] JAYME, Erik. **Identité culturalle et intégration**: Le droit internationale privé postemoderne. Recueil des Cours de l' acdémie de droit international de la Haye. Kluwer, Dordrecht, 1995, p. 259.

[308] MARQUES, Claudia Lima. **A chamada nova crise do contrato e o modelo de direito privado: crise de confiança ou de crescimento do contrato?** A nova crise do contrato estudos sobre a nova teoria contratual, São Paulo: RT, 2007, p. 53.

[309] MARQUES, Claudia Lima. **Diálogo entre o código de defesa do consumidor e o novo código civil**: diálogo das fontes no combate das cláusulas abusivas. Revista de Direito do Consumidor, n. 45, São Paulo: Revista dos Tribunais, jan.-mar., 2003, p. 72.

ao mesmo tempo e ao mesmo caso, seja completamente, seja subsidiariamente, seja permitindo a opção voluntária das partes sobre a fonte prevalente.

O diálogo das fontes nada mais é do que uma "conversação" entre as leis, para que possamos acertar os detalhes distintos que cada uma possui, sem, no entanto, ofender a realidade legalmente posta. Isso se deu entre o Código de Defesa do Consumidor e o Código Civil de 2002, mas que se solucionou tranquilamente, com a aplicação do diálogo das fontes, instituto capaz de gerar a harmonização das normas através do diálogo.

O diálogo das fontes busca, pontualmente, possibilitar que uma norma possa utilizar critérios que estão previstos em outra norma, incentivando a aplicação dos requisitos legais de uma norma em outra. Essa busca deve ocorrer sempre para beneficiar, no caso da aplicação ao Código de Defesa do Consumidor, o consumidor, que, por sua posição, padece com o tratamento que o fornecedor lhe dá. Algumas ponderações acerca do instituto são relevantes, a saber:

> As cláusulas gerais de uma lei podem encontrar uso subsidiário ou complementar em caso regulado pela outra lei. Subsidiariamente, o sistema geral de responsabilidade civil sem culpa ou o sistema geral de decadência podem ser usados para regular aspectos de caso de consumo, se trazem normas mais favoráveis ao consumidor[310]

Diante da pluralidade existente de leis, há que se preocupar em utilizar a lei mais favorável ao consumidor. Assim, no caso do CC/02 e do CDC, o ideal não é mais perguntar somente quais os seus campos de aplicação ou quais os seus limites, mas visualizar qual relação jurídica é de consumo ou é civil, porquanto uma lei geral subsidiária não possui as condições para regulamentar as relações especiais, como é o caso das relações de consumo, apesar de servir de subsídio para ela.

Nesta ótica, ambas as leis se aplicam à mesma relação jurídica de consumo e colaboram com a mesma finalidade, concorrendo, dialogando, protegendo, com luzes e eficácias diferentes de caso a caso, mas

[310] MARQUES, Claudia Lima; BENJAMIN, Antônio Herman Vasconcelos; MIRAGEM, Bruno. **Comentários ao código de defesa do consumidor**: arts. 1 a 74: aspectos materiais. São Paulo, Revista dos Tribunais, 2003, p. 28-29.

com uma mesma finalidade, a cumprir o mandamento Constitucional. Neste sentido, não é o CDC que limita o CC/02; é o Código Civil que dá base e auxilia o Código de Defesa do Consumidor, e, se o Código Civil for mais favorável ao consumidor do que o Código de Defesa do Consumidor, não será esta lei especial que limitará a aplicação da lei geral (art. 7º do Código de Defesa do Consumidor), mas, sim, dialogarão à procura da realização dos mandamentos constitucionais de proteção especial do sujeito mais fraco.

Dessa forma, por exemplo, o prazo prescricional ou decadencial do Código Civil de 2002 é mais favorável ao consumidor, devendo ser este o usado, pois, *ex vi* do art. 7º do Código de Defesa do Consumidor, deve-se usar o prazo prescricional mais favorável ao consumidor[311]. Veja-se o que diz literalmente o art. 7º do Código de Defesa do Consumidor, *verbis*:

> Art. 7º Os direitos previstos neste código não excluem outros decorrentes de tratados ou convenções internacionais de que o Brasil seja signatário, da legislação interna ordinária, de regulamentos expedidos pelas autoridades administrativas competentes, bem como dos que derivem dos princípios gerais do direito, analogia, costumes e equidade.
> Parágrafo único. Tendo mais de um autor a ofensa, todos responderão solidariamente pela reparação dos danos previstos nas normas de consumo.

Por toda essa possibilidade de conexão entre normas, sejam nacionais ou internacionais, é que o diálogo das fontes deve ser bem aplicado e averiguado, pois devemos compreender o que seja a "conversação" das normas distintas, mas se complementa e soluciona o conflito que era o grande problema inicial.

Em caso de dúvida ou ainda de conflito entre as normas, para salvaguardar os interesses do mais fraco – o consumidor –, devemos, utilizando o diálogo das fontes, aplicar a norma mais favorável ao consumidor, por mais que essa não esteja prevista na própria lei consumerista, visando a amenizar o sofrimento do hipossuficiente, utilizando o diálogo entre as fontes, como dizia Jayme, para dotar os consumidores de maior efetividade na busca por seus direitos.

[311] *Ibidem*, p. 87.

Sendo assim, não nos resta dúvida de que o diálogo das fontes será aplicado e que pode decidir muitas controvérsias, solvendo-se o litígio que não mais tem tanta relevância, dando ao consumidor o seu devido modo de tratamento.

## 7.4 A função social do contrato de adesão no CDC

Esta questão realmente é complexa e ao mesmo tempo intrigante, pois nos faz raciocinar e buscar demonstrar a existência da função social de um contrato que, por muitos, não é bem visto. Deve-se mudar esse olhar, embora muitas injustiças sejam praticadas por essa modalidade de contratação, não devamos esquecer que a toda espécie de contrato deve ser atribuída a devida e adequada função social.

Nesse caso, em peculiar, a ideia de função social do contrato de adesão[312] está ligada, muito mais à satisfação dos anseios de uma sociedade imediatista, do que atribuir a verdadeira eficácia aos direitos decorrentes das relações formadas em seu bojo.

A função social do contrato de adesão é bem delimitável, diga-se, especificamente, em relação às negociações em massa, visto que a sociedade de hoje já não consegue negociar sem aderir aos contratos que lhes são colocados. Isso tudo decorre da rapidez com que as transações acontecem.

Hodiernamente, para negociar produtos ou serviços essenciais se faz necessária a aderência aos contratos, sem a efetiva possibilidade de ofertar uma discussão relativa às cláusulas mais relevantes desses contratos, o que decorre da alta demanda social de contratar os serviços disponíveis[313].

As pessoas precisam contratar. As necessidades mais básicas do consumidor são providas a partir de contratos de adesão para acesso a serviços como energia elétrica e água encanada[314]. Essa modalidade, ao que

[312] SALEILLES, op. cit., p. 229-230.

[313] "Assim, o indivíduo que deseja contratar com uma grande empresa (no mais das vezes concessionária de um serviço público ao titular de um monopólio de direito ou de fato) o fornecimento de água, gás, eletricidade etc., ou a pessoa que queira se servir de transportes coletivos, ou assistir a um espetáculo, ou realizar um seguro de vida, não pode discutir o preço e outras condições propostas pela outra parte. Ou se submete a elas, contratando, ou se priva de contratar, o que nem sempre é possível." (RODRIGUES, op. cit., p. 46.)

[314] Devemos mirar as lições do jurista Rodrigues quando refere que o negócio deve ser daqueles que envolvem necessidade de contratar por parte de todos, ou de um número considerável de pessoas. O exemplo do concessionário de eletricidade é característico. A vida moderna criou necessidades novas, tais a utilização da força e luz elétrica, de modo que é

tudo indica, parece um caminho natural, pois, seria operacionalmente impossível resguardar tratativas contratuais com cada consumidor que dependesse dessa contratação[315]. Para que a privação desses serviços não ocorra, faz-se necessária a adoção de mecanismos que sejam capazes de suprir a necessidade do consumidor, qual seja a de contratar, que a cada dia se amplia.

Para Rodrigues, o contrato de adesão[316] guarda possibilidades de opção, claramente falando, em relação ao aceite ou não aceite que importará em rejeição do dito contrato e da provável contratação. Daí a importância em demonstrar a inexistência de coação ou induzimento na contratação, que só resulta efetivada após a devida aceitação da parte contratante, o que maculará, por óbvio, a ideia de ausência de concordância da parte contratada. Importantes as ponderações feitas por Ripert, traduzidas por Rodrigues, assim arguindo:

> Parece-nos impossível, com efeito, quando se analisa o valor do consentimento no contrato, dizer que o contrato de adesão seria inferior a um contrato longamente discutido. Não se poderia igualmente dizer que uma longa discussão, seguida pela conclusão do contrato, indica que uma das partes teve que capitular, premida pela necessidade? Aquele que adere sem discutir está discutido, antes de tudo, a contratar. O viajante que compra uma passagem na bilheteria de uma estação não tem o direito de discutir as condições do transporte, ele as conhece e as aceita, e as aceita mesmo quando não as conhece. Muitas vezes ele poderia deixar de empreender a viagem e seguramente o seu consentimento é mais livre do que da dona-de-casa que, no açougue, compra a carne necessária à refeição familiar. De resto, o contrato de adesão tem,

difícil compreender, na vida urbana, alguém que dispense o benefício decorrente de seu fornecimento. Ora, havendo um monopolista a fornecer tal serviço, este impõe as condições de fornecimento, que todos devem aceitar.
Aqui não se trata de coação, porque o consumidor pode rejeitar o contrato, sem qualquer sanção ou perigo. Portanto, não há que falar em vício de vontade. (Idem., p. 46-67).

[315] Idem., p. 46.

[316] "Estas modalidades de contratación en masa se caracterizan en que el contenido del contrato está dado por las cláusulas predispuestas (la ley no usa esta expresión, sino, "cláusulas redactadas unilateralmente por el proveedor") que, por comodidad del empresario y para agiliza las operaciones se plasman en formularios (contratos en formularios o contrato hechos en formularios preproducidos en serie)." (FARINA, op. cit., p. 376.)

> por sua repetição, um caráter de regularidade; as cláusulas são as mesmas em todos; não raro elas constam de documentos impressos cuja formula são de mais fácil compreensão do que as cláusulas de uma escritura pública. Enfim, em muitos contratos, as condições constituem objeto de uma aprovação administrativa anterior e os contratantes têm a certeza de que a administração não deixa vingar cláusulas abusivas. A bem dizer, o contrato de adesão me parece infinitamente menos perigoso, em face da moral, do que o contrato livremente discutido entre as partes (in Le Régime Démocratique, p. 175).[317]

Essa ideia demonstra que o contrato de adesão não é um mal em si, mas, sim, um contrato extremamente necessário para o devido seguimento da sociedade que se desenvolve em um ritmo frenético e desenfreado. Essa sociedade massificada, que hoje é pós-moderna, necessita de uma forma de contratação eficaz e célere, que seja capaz de resolver as muitas necessidades que surgem a cada dia. Para solucionar essa necessidade, construiu-se a ideia do contrato de adesão, que serve a isso, tornando rápida e objetiva a contratação, para que a sociedade em geral possa alcançar um determinado bem ou serviço.

Deve-se refletir que o contrato na modalidade adesiva não significa abusividade, essa é uma confusão que deve ser afastada, pois nenhuma relação existe entre eles, visto que o contrato de adesão visa à contratação célere, ofertando a todos a possibilidade de ter ou usufruir de bens e serviços necessários a uma vida digna. As cláusulas abusivas, ou seja, leoninas, são formuladas tanto em contratos de adesão como em contratos que são, em tese, paritários. Para Gomes, por ocasião da análise desse caso a partir da posição da empresa, aduz que:

> Quando a natureza dos serviços a prestar configura a posição da empresa como oblato ou aceitante, não pode recusar-se a contratar. Por isso que ela própria é quem estabelece as condições de sua prestação, despropositada seria a faculdade de recusa, tanto mais quanto, na maioria dos casos, presta-os em regime de monopólio, ou tem virtualmente seu exercício. Diz-se que lhe corre, por isso mesmo, a obrigação de contratar.[318]

[317] Rodrigues, op. cit., p. 49-50.

[318] Gomes, Orlando. **Contratos**. 25. ed., Rio de Janeiro: Forense, 2002, p. 114.

Interessante esse posicionamento, pois, embora seja atribuída a obrigação de contratar com qualquer pessoa independentemente das condições do consumidor, é fato que este se beneficia bastante das condições muito abertas para que tenha acesso aos diversos serviços essenciais e prestados por permissionários ou concessionários de serviço público. Já no caso dos não essenciais, as condições são decorrentes da sua política interna da empresa.

Não se busca uma proteção da empresa, mas, antes de qualquer coisa, uma proteção justa à negociação, ao direito que tem cada consumidor de ter à sua disposição a possibilidade de negociar os bens e/ou serviços que venha a necessitar e que serão fornecidos pelas pelos fornecedores, que também vivem uma realidade de negociações intensas com milhares de consumidores. Por tudo isso é que devemos considerar o contrato de adesão[319] como um contrato, que se distingue dos demais tão somente pelo modo em que se realiza[320].

Além destas questões que são, por si só, relevantes, a bilateralidade ou não do contrato de adesão chama a nossa atenção. Essa análise não é tão complexa, pois a negociação se dá entre duas ou mais pessoas, que convergem no sentido de negociar. Essa negociação que se perfilhará por meio de um contrato, que neste peculiar é o de adesão, é, sim, bilateral, porquanto há participação de duas partes distintas, que estão em situações jurídicas distintas, sendo um deles, no caso o consumidor, aderente. Neste sentido, da existência de bilateralidade, vejamos o que nos diz Gomes:

> Uma vez que é incontestável a participação do aderente, o ato, sob esse aspecto, há de ser considerado bilateral.
> O recurso à categoria do ato-condição, obstruída pela doutrina publicista, além de refugiar-se numa classificação sem apoio na melhor doutrina, não contornaria a objeção, a menos que a questão fosse mera-

319 Deve-se observar que antes era muito discutida a ideia de um contrato por adesão ou um contrato de adesão, ficando estabelecida em nosso País a ideia única de contrato de adesão, embora saibamos que há distinção conceitual entre estes.

320 O doutrinador Orlando Gomes argui que o contrato de adesão "configurar-se-ia, realmente, como contrato, distinguindo-se, tão somente, pelo modo porque o consentimento é manifestado. A adesão seria, em resumo, expressão de vontade negocial, que não nega, nem mesmo desvirtua, a natureza contratual do vínculo jurídico assim formado. (GOMES, Orlando. **Contratos**. 25. ed., Rio de Janeiro: Forense, 2002, p. 115).

mente terminológica. Argumentar-se-ia que, na formação desse ato, como na do contrato, há um concurso de vontades a atestar, sob esse aspecto, a bilateralidade.[321]

Essa é a real ideia de que o contrato de adesão[322] possui, sim, bilateralidade, em decorrência da participação de ambas as partes, contratantes, o que demonstra, pelo menos, que ambos participaram e convergiram para que a negociação fosse exitosa, o que demonstra, nitidamente, a concordância dos contratantes nesta modalidade adesiva de contratar[323].

Além deste ponto importantíssimo, deve-se rememorar que os contratos na modalidade adesiva são contratos que podem ser firmados por escrito, ou ainda de forma verbal[324].

Ademais, essa ocorrência dos contratos adesivos é prática usual que visa a estandardizar os contratos e suas cláusulas para casos idênticos, fazendo com que o negócio jurídico possa, realmente, realizar-se e ser não só eficaz, mas gerar os efeitos que dele se espera[325]. Essa estandardização tem gerado muitas análises sobre os contratos de adesão que possuem, por sua natureza, essa influência de estandardizar as cláusulas contratuais.

Deve-se observar o contrato de adesão não somente como um prejudicador, mas como uma modalidade contratual que objetiva gerar igual-

[321] Gomes, Orlando. **Contratos**. 25. ed., Rio de Janeiro: Forense, 2002, p. 116.

[322] Stiglitz, op. cit., p. 34 e ss.

[323] Quem muito bem colocou a questão foi Dereux, que foi analisado por Orlando Gomes que assim descreve: "seus argumentos extraem-se de análise do modo como nascem os contratos. Esses negócios jurídicos pressupõem a vontade comum de duas ou mais pessoas. Os contratos de adesão não têm existência antes do momento em que ocorre a adesão, isto é, antes da aceitação em bloco de suas cláusulas pelo aderente; antes, numa palavra, que consinta. Formam-se, portanto, como todo contrato, pelo encontro e coincidência de duas vontades.". (Gomes, Orlando. **Contratos**. 25. ed., Rio de Janeiro: Forense, 2002, p. 116).

[324] Nesse diapasão ver Nery Júnior, Nelson. **Código brasileiro de defesa do consumidor**: comentado pelos autores do anteprojeto. 9 ed. Rio de Janeiro: Forense Universitária, 2007, p. 635.

[325] "La utilización de fórmulas que contienen condiciones generales predispuestas – expresa Ferrer – es producto de la moderna forma de contratación en la que las unidades de producción o de comercialización de bienes y servicios, la igual que las entidades que intermedian em la oferta y demanda de recursos financieros, contratan con una pluralidad de sujetos celebrando negocios que tienen características semejantes y que, por tanto, necesitan ser estandarizadas y comunes a todas las relaciones". (Farina, op. cit., p. 381.)

dade na sociedade e possibilitar a todos o acesso aos bens e/ou serviços que são, diariamente, buscados por todos os membros de uma sociedade complexa que corre contra o tempo, buscando, hoje a qualquer preço, a imediatidade[326].

Hoje, em nossa sociedade exigente, para que todos possam contratar, tornou-se necessária uma modalidade rápida de contratação, sendo, claramente por essa razão, entronizada a ideia do contrato de adesão, que é capaz de efetivar muitas negociações de uma vez, atendendo à grande massa que busca a contratação.

Por tudo isso é que Gomes acaba por entender que determinados negócios jurídicos não podem ser realizados nos moldes clássicos que existiram antes, nas suas palavras: "Para a realização de certos serviços seria praticamente impossível contratá-los nos moldes clássicos. O contrato de adesão apresenta-se, assim, como injunção de determinadas condições econômicas e sociais."[327].

Hodiernamente, não há como proceder a tal forma de negociação, o que nos leva a uma situação contratual distinta, na qual as partes envolvidas são obrigadas a negociar de forma muito mais célere, o que acaba por fazer com que os negociantes se utilizem do contrato mais rápido, eficaz e firme o qual seja o contrato de adesão. Vejamos mais uma vez o que nos dizia o jurista Gomes:

> O intento do predisponente é obter, de número indeterminado de aderentes, a aceitação passiva das mesmas condições, de sorte que seja invariável o conteúdo de todas as relações contratuais. A uniformidade é uma exigência da racionalização da atividade econômica que por seu intermédio se desenvolve. Tornar-se-ia impraticável se, para exercê-la, se houvesse de estipular os contratos pelo modelo clássico.[328]

Mais uma vez o autor critica a antiga realidade do contrato, o chamado modo clássico, onde havia paridade e toda uma calma em negociar, até porque não existiam tantas pessoas contratando a todo instante como hoje; isso é que mudou efetivamente a sociedade.

[326] OST, François. **O tempo do direito**. Trad. Élcio Fernandes. Bauru: Edusc, 2005, 187 e ss.

[327] GOMES, Orlando. **Contratos**. 25. ed., Rio de Janeiro: Forense, 2002, p. 118.

[328] Idem., p. 118.

Essa é a nova realidade vivenciada pelo contrato de adesão, que se aplica tanto ao Direito Civil como ao Direito do consumidor, realidade propiciadora da ligação entre o Código Civil e o Código de Defesa do Consumidor através do diálogo das fontes que torna possível a clara comunicação entre as duas normas jurídicas visando a buscar para o Código de Defesa do Consumidor a aplicação da função social do contrato de adesão que se desenvolveu na doutrina civilista, propiciando a mesma ocorrência de existência de função social para o contrato de adesão que se desenvolve na relação de consumo.

Essa noção de que a função social do contrato de adesão existe não vem somente da doutrina, que acabamos de analisar, mas, também, da moderna orientação adotada pelo STJ em julgado que tratou da questão. No Recurso Especial n. 684.613, a Relatora, Ministra Nancy Andrighi, assim se manifestou:

> Ante o exposto, é de se ter lícita a cláusula de eleição de foro, seja pela ausência de vulnerabilidade da recorrente, porque a parte aderente dispunha de meios suficientes, econômicos e técnicos, para compreender o sentido e as conseqüências da estipulação contratual; **seja porque o contrato cumpre sua função social** e não ofende à boa-fé objetiva das partes, nem tampouco dele resulte inviabilidade ou especial dificuldade de acesso à Justiça – o que afasta a interferência do Estado, seja com fundamento no CDC ou na legislação civil aplicável à espécie.

O contrato a que se refere a Ministra é o de adesão que elege o foro competente para dirimir conflitos entre os contratantes. Essa cláusula que foi constituída por intermédio do contrato de adesão cumpre a sua função social, qual seja proporcionar a circulação de riqueza e satisfação da finalidade pretendida pelos contratantes[329].

A função social do contrato de adesão está aqui representada, pois este modo de contratação é capaz de fazer circular riqueza, ofertando a todos a possibilidade de contratar bens e/ou serviços que vão desde os extremamente necessários a uma vida digna como, também, de bens

[329] Antes a orientação não era essa, que é sustentada hoje pelo STJ, sendo antes a ideia diferente da sustentada hoje, no sentido de que a cláusula de eleição de foro se presta para uma finalidade dotando o contrato de adesão de uma função social. Ver TARS, AI, 191024926; TARS 78/120; TJSP, AI, 10.816-0 dentre outros.

e/ou serviços que são mais elaborados e mais sofisticados, sendo por isso uma modalidade de contratação que atinge a todo tipo de público consumidor.

Esse contrato ainda se serve a seu objetivo, qual seja efetivar muitas contratações de milhares de consumidores que clamam pela negociação e pela obtenção dos bens ou serviços que serão negociados, propiciando a todos a dignidade da pessoa humana e a valorização do ser, sociabilizando todos os produtos e objetos que sejam alvo da negociação.

Essa aplicação da função social do contrato de adesão que foi analisada no âmbito do Direito Civil deve ser utilizada nos contratos de adesão advindos da relação de consumo, sendo essa realidade trazida do Código Civil de 2002 através do diálogo das fontes que é o ponto de conexão para que a função social do contrato de adesão que era aplicada no Direito Civil, seja, também, aplicada ao Direito do consumidor, merecendo ser tratado de forma diferente.

Isso tudo deve ser analisado com toda a cautela, pois é a forma de comprovação da existência da função social no contrato de adesão. Assim, deve-se buscar sempre a implementação da função social do contrato.

Desta maneira, podemos chegar à cognição de que o contrato de adesão que cumpra a sua função social será um contrato que gerará a tão esperada celeridade nas negociações entabuladas, fazendo com que os consumidores possam sentir, por essa razão, a satisfação negocial concreta que se aguarda da relação de consumo e de qualquer outra.

Ademais, concretizar-se-á a dignidade da pessoa humana[330], que é princípio magno previsto no art. 1º, III, da Constituição Federal, fazendo

[330] Sarlet conceitua dignidade da pessoa humana como sendo uma "qualidade intrínseca e distintiva de cada ser humano que o faz merecedor do mesmo respeito e consideração por parte do Estado e da comunidade, implicando, neste sentido, um complexo de direitos e deveres fundamentais que assegurem a pessoa tanto contra todo e qualquer ato de cunho degradante e desumano, como venham a lhe garantir as condições existentes mínimas para uma vida saudável, além de propiciar e promover sua participação ativa e co-responsável nos destinos da própria existência e da vida em comunhão com os demais seres humanos " (Sarlet, Ingo Wolfgang. **Dignidade da Pessoa Humana e Direitos Fundamentais na Constituição Federal de 1988**. Porto Alegre: Livraria do advogado, 2001, p. 60). Ainda, no dizer de Sanchis, a dignidade da pessoa humana "dista de ser una respetable reliquia de la arqueología cultural"(9), compreende um modo de entender-se os direitos fundamentais. (Sanchis, Luis Prieto. **Estudios sobre derechos fundamentales**. Madrid, Editorial Debate,

valer o Estado Democrático de Direito. Essa dignidade[331] é adimplida com a possibilidade de negociação rápida e eficaz que é ofertada ao consumidor, dando-se isso por meio do contrato de adesão que, por sua natureza jurídica, é rápido e se serve a sua função social, qual seja a de fazer circular riqueza para a sociedade, o que é extremamente importante, e também de realizar a intenção dos consumidores que, via de regra, é de contratar.

Essa possibilidade que é dada ao consumidor é imprescindível e fantástica, pois lhe dota da possibilidade de obter os bens e serviços necessários a uma vida digna, ofertando-lhes as condições adequadas para viver, sempre em conformidade com as possibilidades econômicas de cada consumidor. Isso é relevante, pois, se não houvesse tal possibilidade, os consumidores não poderiam contratar com tanta facilidade, visto que cada um dos consumidores teria que discutir com seu fornecedor as regras contratuais, que seriam adequadas ao seu caso concreto. Tudo isso geraria um entrave grandioso nas negociações, porquanto os fornecedores não conseguiriam negociar com todos e muito menos ofertar a todos os consumidores as condições de negociar.

Aqui está a legitimação do contrato de adesão, que é exercer nas relações privadas e de consumo a sua função social ao ofertar a todos os consumidores a possibilidade de adquirirem os bens e/ou serviços pretendidos, fazendo circular riqueza e mantendo a sociedade nacional e mundial em pleno crescimento.

1990, p. 26). E ainda: CANOTILHO, José Joaquim Gomes. **Estudo sobre direitos fundamentais**. São Paulo: Revista dos Tribunais, 2008, p. 247.). Por fim, vide: ALEXY, op. cit., p. 111.

331 "O compromisso do direito civil com a tutela da dignidade da pessoa humana é, portanto, assumido pela perspectiva civil-constitucional como inapelável conseqüência da sujeição das relações interprivadas aos ditames constitucionais. Muito mais que autonomia e liberdade individuais, o ordenamento civil e, para efeito deste trabalho, a ordem contratual em particular são instrumentos de realização existencial da pessoa humana-pelo que, sob pena de afrontar a Constituição, o interprete e aplicador do Direito deve dar primazia à realização existencial em detrimento da realização patrimonial (...)"(NEGREIROS, op. cit., p. 61-62).

# REFERÊNCIAS


ABBOUD, Georges. 25 anos da Constituição Federal: Parabéns à Geni. **Revista dos Tribunais**, São Paulo, v. 938/2013, p. 45, dez., mensal, 2013.

ABBOUD, Georges. **Processo constitucional brasileiro**. São Paulo: Revista dos Tribunais, 2016.

ABBOUD, Georges; NERY JÚNIOR, Nelson. **Direito constitucional brasileiro**. São Paulo: Revistas dos Tribunais, 2016.

ALEXY, Robert. **Teoría de los derechos fundamentales**. Madrid: Centro de Estudios Políticos y Constitucionales, 2001.

ALPA, G. **A análise econômica do direito na perspectiva do jurista**. Trad. João Bosco Leopoldino da Fonseca. Belo Horizonte: UFMG, 1997.

ALVIM, Arruda. A função social dos contratos no novo Código Civil. **Revista dos Tribunais**, São Paulo, v. 92, n. 815, p. 11-31, set. 2003.

ARAUJO CINTRA, Antônio Carlos de. **Comentários ao código de processo civil**. 4 v. Rio de Janeiro: Forense, 2003.

Ávila, Humberto. **Teoria dos princípios da definição à aplicação dos princípios jurídicos**. 2 ed. São Paulo: Malheiros, 2003.

AZEVEDO, Antônio Junqueira de Azevedo. Princípios do novo direito contratual e desregulamentação do mercado: direito de exclusividade nas relações contratuais de fornecimento, função social do contrato e responsabilidade aquiliana do terceiro que contribui para o inadimplemento contratual. **Revista dos Tribunais**, São Paulo, v. 750, abr. 1998.

BARROSO, Luís Roberto. **Curso de direito constitucional contemporâneo**: os conceitos fundamentais e a construção do novo modelo. 4 ed. São Paulo: Saraiva, 2013.

BARROSO, Luís Roberto. **Interpretação e aplicação da Constituição**. São Paulo: Saraiva, 1996.

BARROSO, Luís Roberto. Neoconstitucionalismo e constitucionalização do Direito: O triunfo tardio do direito constitucional no Brasil. **Revista de Direito Administrativo**, Rio de Janeiro, v. 240, p. 1-42, abr. 2005, p. 15. Disponível em: <http://bibliotecadigital.fgv.br/ojs/index.php/rda/article/view/43618>. Acesso em: 06 set. 2019.

BAUMAN, Zygmunt. **La sociedad sitiada**. Trad. Mirta Rosenberg. Buenos Aires: Fondo de Cultura Económica, 2006.

BAUMAN, Zygmunt. **Modernidade e Ambivalência**. Rio de Janeiro: Jorge Zahar Editor, 1999.

BAUMAN, Zygmunt. **O mal-estar da pós-modernidade**. Trad. Mauro Gama, Cláudia Martinelli Gama. Rio de Janeiro: Jorge Zahar, 1998.

BAUMAN, Zygmunt. **Vida líquida**. Trad. Albino Santos Mosquera. Buenos Aires: Paidós, 2009.

BELAUNDE, Domingo García. De la jurisdicción constitucional al derecho procesal constitucional. **Anuário iberoamericano de justicia constitucional**: Centro de Estudios Políticos y Constitucionales, Madrid, n. 3, p. 121-156, 1999.

BENJAMIN, Antônio Herman de Vasconcelos. O conceito jurídico de consumidor. **Revista dos Tribunais**, São Paulo, v. 628, p. 71-72, fev. 1988.

BENJAMIN, Antônio Herman de Vasconcelos; MARQUES, Claudia Lima; BESSA, Leonardo Roscoe. **Manual de direito do consumidor.** São Paulo: Revista dos Tribunais, 2007.

BERCOVICI, Gilberto. As possibilidades de uma Teoria do Estado. **Revista de História das idéias**. Vol. 26. Coimbra: Faculdade de Letras, 2005.

BETTI, Emilio. **Teoria geral do negócio jurídico**. T. I. Trad. Fernando de Miranda. Coimbra: Coimbra, 1969.

BIANCA, Massimo. **Diritto civile**. Vol. 3. 2 ed. Milano: Giuffrè Editore, 2001.

BITTAR, Carlos Alberto. **Curso de direito civil**. Vol. 1. Rio de Janeiro: Forense Universitária, 1994.

BIZELLI, Rafael Ferreira. Contratos existenciais: contextualização, conceito e interesse extrapatrimoniais. **Revista Brasileira de Direito Civil**, Rio de Janeiro, vol. 6, n. 4, p. 69-94, out.-dez. 2015.

BOBBIO, Norberto. **A era dos direitos**. Trad. Carlos Nelson Coutinho. Rio de Janeiro: Elsevier, 2004.

BOBBIO, Norberto. **Liberalismo e democracia**. Trad. Marco Aurélio Nogueira. São Paulo: Brasiliense, 2000.

BOBBIO, Norberto. **O positivismo jurídico: lições de filosofia do direito**. Trad. Márcio Pugliesi, Edson Bini, Carlos E. Rodrigues. São Paulo, Ícone, 2006.

BOBBIO, Norberto. **Principi generali di diritto.** Novissimo Digesto Italiano XIII. Torino, 1966.

BOBBIO, Norberto. **Teoria do ordenamento jurídico**. 10. ed. Trad. Maria Celeste C. J. Santos. Brasília: UnB, 1999.

BONATTO, Cláudio. **Código de defesa do consumidor: cláusulas abusivas nas relações contratuais de consumo**. 2. ed. Porto Alegre: Livraria do advogado, 2004.

BONAVIDES, Paulo. **Curso de direito constitucional**. 33 ed. São Paulo: Malheiros, 2018.

BONAVIDES, Paulo. **Teoria constitucional da democracia participativa**. São Paulo: Malheiros, 2001.

BORDA, Guillermo A. **Manual de contractos**. 19. ed., Buenos Aires: Abeledo Perrot, 2000.

BOURDIEU, Pierre. **Razões práticas**: sobre a teoria da ação. Trad. Mariza Corrêa. Caminhas: Papirus, 1996.

CALAIS-AULOY, Jean. **Droit de la consommation.** 12 ed., Paris: Dalloz, 1986.

CAMPBELL, C. **The Romantic Ethic and the Spirit of Modern Consumerism.** Oxford: Blackwell, 1987.

CANOTILHO, José Joaquim Gomes. **Direito constitucional e teoria da constituição**. 7 ed. Coimbra: Almedina, 2007.

CANOTILHO, José Joaquim Gomes. **Estudo sobre direitos fundamentais**. São Paulo: Revista dos Tribunais, 2008.

CAPPELLETTI, Mauro. **O controle judicial de constitucionalidade das leis no direito comparado**. Trad. Aroldo Plínio Gonçalves. Porto Alegre: Sergio Antonio Fabris, 1984. p. 130.

CHEVALLIER, Jacques. **O Estado pós-moderno**. Tradução de Marçal Justen Filho. Belo Horizonte: Fórum, 2009.

CITTADINO, Gisele. **Pluralismo direito e justiça distributiva**: elementos da filosofia constitucional contemporânea. 4. ed. Rio de Janeiro: Lumen Juris, 2009.

CLÈVE, Clèmerson Merlin. **A fiscalização abstrata da constitucionalidade no direito brasileiro**. 2. ed., São Paulo: Revista dos Tribunais, 2000.

COELHO, Fábio Ulhôa. **Curso de direito civil:** contratos. Vol. 3. 5 ed. São Paulo: Saraiva, 2012.

CORDEIRO, Antônio Manoel da Rocha e Menezes. **Da boa-fé objetiva no direito civil**. Coimbra: Almedina, 2001.

CORONADO, Mariano. **Elementos de derecho constitucional mexicano**. 2 ed. Guadalajara: Escuela de artes e oficios del Estado, 1899.

CUNHA, Paulo Ferreira da. Propriedade e função social. **Revista de Direito Imobiliário**, São Paulo, v. 56, p. 114-126, jan.-jun. 2004.

DANTAS, San Tiago. Evolução contemporânea do direito contratual. **Revista de Direito Civil Contemporâneo**, São Paulo, vol. 6. ano 3. p. 261-276, jan.-mar. 2016.

DELACAMPAGNE, C. **História da Filosofia no Século XX**. Rio de Janeiro: Jorge Zahar Editor, 1995.

DEMOGUE, René. **Traité des obligations en general**. V. II, Tomo I. Paris: Librarie Arthur Rousseal, 1923.

DI PIETRO, Maria Sylvia Zanella. **Direito administrativo**. 15. ed., São Paulo: Atlas, 2003.

DIDIER Jr., Fredie; ZANETI Jr., Hermes. **Curso de direito processual civil**: processo coletivo. Vol. 4. 5. ed. Salvador: JusPodivm, 2010.

EFING, Antônio Carlos [et al.]. **Direito do consumidor.** Curitiba: Juruá, 2001.

FACHIN, Luiz Edson (coord.); NEVES SOTO, Paulo. **Diálogos sobre Direito Civil**. Rio de Janeiro: Renovar, 2003.

FARINA, Juan M. **Defensa del consumidor y del usuário**. 2 ed. Buenos Aires: Astrea, 2000.

FAVOREU, Louis. **As cortes constitucionais**. Tradução: Dunia Marinho Silva. São Paulo: Landy, 2004, p. 20;

FEATHERSTONE. **Cultura de consumo e Pós-modernismo.** São Paulo: Studio Nobel, SESC, 1995.

FERNÁNDEZ, Guillermo Ospina. **Régimen general de las obligaciones**. 8 ed. Bogotá: Temis, 2005.

FIGUEIREDO, Marcelo. Democracia e Controle Eleitoral na Era do Constitucionalismo Transnacional. **Revista Latino-Americana de Estudos Constitucionais**, v. 17, p. 13, 2015.

FRANÇA, Rubens Limongi. **A Irretroatividade das leis e o direito adquirido**. 4 ed. São Paulo, Revista dos Tribunais, 1994.

FRANCO, Vera Helena de Mello. **Contratos**: direito civil e empresarial. 4 ed. São Paulo: Revista dos Tribunais, 2013.

GADAMER, Hans-Georg. **Verdade e método II**. Trad. Flávio Paulo Meurer. Petrópolis: Vozes, 1997.

GAGLIANO, Pablo Stolze; PAMPLONA FILHO, Rodolfo. **Novo curso de direito civil**: contratos (v. 4). 3 ed. São Paulo: Saraiva, 2007.

GARCÍA-PELAYO, Manuel. **As transformações do estado contemporâneo**. Trad. Agassiz Almeida Filho. Rio de Janeiro: Forense, 2009.

GIACOMUZZI, José Guilherme. As raízes do realismo americano: breve esboço acerca de dicotomias, ideologia, e pureza no direito dos USA. **Revista de Direito Administrativo**, Rio de Janeiro, v. 239, p. 359-388, jan. 2005. Disponível em: <http://bibliotecadigital.fgv.br/ojs/index.php/rda/article/view/43873>. Acesso em: 06 ago. 2020.

GILLY, François-Noel. **Éthique et génétique, La bioéthique em questions**. París: Ellipses, 2001.

GILMORE, Grant. **The Death of contract. Edited and with a foreword by Ronald K. L. Collins**. The Ohio State University Press. Columbus, 1969.

GIRONS, A. Saint. **Manuel de droit constitutionnel**. Paris: L. Larose et Forgel Libraires-Editeurs, 1885.

GOMES, Orlando. **Contrato de adesão**: condições gerais dos contratos. São Paulo: RT, 1972.

GOMES, Orlando. **Contratos**. 25. ed., Rio de Janeiro: Forense, 2002.

GOMES, Orlando. **Introdução ao direito civil**. 10. ed. Rio de Janeiro: Forense, 1993.

GONÇALVES, Carlos Roberto. **Direito civil brasileiro**: contratos e atos unilaterais (v. III). 2 ed. São Paulo: Saraiva, 2006.

GRAU, Eros Roberto. **O direito posto e o direito pressuposto**. 8. ed. – São Paulo: Malheiros, 2012.

GRINOVER, Ada Pellegrini [et al.]. **Código brasileiro de defesa do consumidor**: comentado pelos autores de anteprojeto. 9. ed. Rio de Janeiro: Forense Universitária, 2007.

HARVEY, David. **Condição pós-moderna**. São Paulo: Edições Loyola, 1992.

HESSE, Konrad. **A força normativa da Constituição**. Trad. Gilmar Ferreira Mendes. Porto Alegre: Fabris, 1991.

HOUAISS, Antônio (et al). **Dicionário Houaiss da língua portuguesa**. Rio de Janeiro: Objetiva, 2001.

JAYME, Erik. **Cours général de droit intenacional prive** (t. 251). Paris: Académie de droit intenacional, 1997.

JAYME, Erik. **Identité culturalle et intégration**: Le droit internationale privé postemoderne. Recueil des Cours de l' acdémie de droit international de la Haye. Kluwer, Dordrecht, 1995.

JOSSERAND, Luis. **Derecho civil**: teoría general de las obligaciones (t. I, v. I). 3 ed. Trad. André Brun. Buenos Aires: Bosch y Cia, 1959.

KAUFMANN, Arthur. **La filosofía del derecho en la posmodernidad**. Trad. Luis Villar Borda. Santa Fe de Bogotá: Editorial Temis S.A., 1992.

KELSEN, Hans. **O que é justiça?** A justiça, o direito e a política no espelho da ciência. Trad. Luís Carlos Borges. São Paulo: Martins Fontes, 1998.

KELSEN, Hans. **Teoria pura do direito**. Trad. João Batista Machado. 4 ed. São Paulo: Martins Fontes, 1994.

KUMAR, Krishan. **Da sociedade pós-industrial à pós-moderna**. Rio de Janeiro: Jorge Zahar Editor, 1997.

LABRUSSE-BRIOU, Catherine. **Le droit saisi par la biologie**. Des juristes au laboratoire. París : Librairie Générale de droit et de jurisprudence, 1996;

LARENZ, Karl. **Metodologia da ciência do direito**. 3. ed. Trad. José Lamego. Lisboa: Fundação Calouste Gulbenkian, 1997.

LAURENT, F., **Principes de droit civil Français**. T. XV. 3. ed., Bruxelles e Paris: A. Marescq, 1878.

LIEBMAN, Enrico Tullio. **Eficácia e autoridade da coisa julgada**. Trad. Alfredo Buzaid e Benvindo Aires. São Paulo: Forense, 1981.

LIPOVETSKY, Gilles. **Os tempos hipermodernos**. Trad. Mário Vilela. São Paulo: Barcarolla, 2004.

LOPES, José Reinaldo de Lima. **O direito na história**: lições introdutórias, 3. ed., São Paulo: Atlas, 2008.

LORENZETTI, Ricardo Luis. **Fundamentos do direito privado**. São Paulo: Revista dos Tribunais, 1998.

LOS MOZOS, José Luis de. **El principio de la buena fe**: sus aplicaciones prácticas en el derecho civil Español. Barcelona: Bosch Casa Editorial, 1965.

LOSANO, Mario G. Prefácio à edição brasileira. In: BOBBIO, Norberto. **Da estrutura à função: Novos estudos de teoria do direito**. Trad. Daniela Beccaccia Versiani. São Paulo: Manole, 2007.

LOUREIRO, Luiz Guilherme. **Curso completo de direito civil**. São Paulo: Método, 2007.

LUHMANN, Niklas. **Sociologia do direito I**. Rio de Janeiro: Tempo Brasileiro, 1983.

LUHMANN, Niklas. **Sociologia do direito II**. Rio de Janeiro: Tempo Brasileiro, 1985.

LYOTARD, Jean-François. **O pós-moderno**. Rio de Janeiro: Olympio Editora, 1986.

MACHADO, Luciano Rodrigues. A função social e a legitimação para a causa. In. MAZZEI, Rodrigo (Coord.). **Questões processuais do novo Código Civil**. Barueri: Manole, 2006, p. 339-341).

MARQUES, Claudia Lima. **A chamada nova crise do contrato e o modelo de direito privado: crise de confiança ou de crescimento do contrato?**

A nova crise do contrato estudos sobre a nova teoria contratual, São Paulo: RT, 2007.

MARQUES, Claudia Lima. **Contratos no código de defesa do consumidor**: o novo regime das relações contratuais. 4 ed. São Paulo, Revista dos Tribunais, 2002.

MARQUES, Claudia Lima. **Diálogo entre o código de defesa do consumidor e o novo código civil**: diálogo das fontes no combate das cláusulas abusivas. Revista de Direito do Consumidor, n. 45, São Paulo: Revista dos Tribunais, jan.-mar., 2003.

MARQUES, Cláudia Lima. Superação das antinomias pelo Diálogo das Fontes: o modelo brasileiro de coexistência entre o Código de Defesa do Consumidor e o Código Civil de 2002. **Revista da Escola Superior da Magistratura de Sergipe**, Aracaju, v. 7, p. 15-54, 2004.

MARQUES, Claudia Lima; BENJAMIN, Antônio Herman Vasconcelos; MIRAGEM, Bruno. **Comentários ao código de defesa do consumidor**: arts. 1 a 74: aspectos materiais. São Paulo, Revista dos Tribunais, 2003.

MARTINS, Fernando Rodrigues. **Princípio da Justiça Contratual**. São Paulo: Saraiva, 2011.

MARTINS-COSTA, Judith. **A boa-fé no direito privado**. São Paulo: Revista dos Tribunais, 2000.

MATIELLO, Fabrício Zamprogna. **Código Civil comentado**. 2 ed. São Paulo: LTr, 2005.

MATTIETTO, Leonardo. Invalidade dos atos e negócios jurídicos. In: **A parte geral do Novo Código Civil: Estudos na Perspectiva Civil-Constitucional** (Gustavo Tepedino, coord.) 3ª ed., Rio de Janeiro: renovar, 2007, pp. 352-353

MAZZEI, Rodrigo. O princípio da relatividade dos efeitos contratuais e sua mitigação. **Revista Argumentum**, Marília, n. 8, p. 135-168, jan.-jul. 2008. Disponível em: http://ojs.unimar.br/index.php/revistaargumentum/article/viewFile/884/531, Acesso em: 7 ago. 2020.

MELLO, Celso Antônio Bandeira de. **Curso de direito administrativo**. 30 ed. São Paulo: Malheiros, 2013.

MELLO, Cleyson de Moraes. **Direito civil**: contratos. 2. ed. Rio de Janeiro: Freitas Bastos, 2017.

MENDES, Gilmar Ferreira. **Jurisdição constitucional**. 3. ed. São Paulo: Saraiva, 1999.

MENDES, Gilmar Ferreira; COELHO, Inocêncio Mártires; BRANCO, Paulo Gustavo Gonet. **Curso de direito constitucional**. São Paulo: Saraiva, 2007.

MESSINEO, Francesco. **Dottrina Generale del contratto**. 3 ed. Milão: Dott. A. Giuffrè, 1957.

MIRAGEM, Bruno. **Direito do consumidor**: fundamentos do direito do consumidor. São Paulo: Revista dos Tribunais, 2008.

MIRANDA, Jorge. **Contributo para uma teoria da inconstitucionalidade**. Coimbra: Coimbra, 2007.

MORAIS, José Luis Bolzan de. **As crises do estado e da constituição e a transformação espacial dos direitos humanos**. Porto Alegre: Livraria do advogado, 2002.

NADER, Paulo. **Curso de direito civil**: contratos (v. 3). 3. ed. Rio de Janeiro: Forense, 2008.

NEGREIROS, Teresa. **Teoria do contrato**: novos paradigmas. Rio de janeiro: Renovar, 2002.

NERY JÚNIOR, Nelson. **Código brasileiro de defesa do consumidor**: comentado pelos autores do anteprojeto. 9. ed. Rio de Janeiro: Forense Universitária, 2007.

NERY JUNIOR, Nelson. **Princípios do processo na Constituição Federal**: processo civil, penal e administrativo. 10 ed. São Paulo: Revista dos Tribunais, 2010.

NERY, Rosa Maria de Andrade. **Instituição de direito civil:** teoria geral do direito privado (v.1, t. I). São Paulo: Revista dos Tribunais, 2014.

NORONHA, Fernando. **O direito dos contratos e seus princípios fundamentais**: autonomia privada, boa-fé, justiça contratual. São Paulo: Saraiva, 1994.

OLIVA, Andrés de la. FERNÁNDEZ, Miguel Angel. **Derecho procesal civil** (v. 1). Madrid: Editorial Centro de Estudios Ramon Areces, 1990.

OST, François. **O tempo do direito**. Trad. Élcio Fernandes. Bauru: Edusc, 2005.

PACHECO, Keila Ferreira. **Abuso de direitos nas relações obrigacionais**. Belo Horizonte: Del Rey, 2006.

PAGE, Henri de. **Traité Élémentaire de droit civil Belge**. T. II. 2 ed., Bruxelles: Établissements Émile Bruylant, 1948.

PALU, Oswaldo Luiz. **Controle de constitucionalidade**: conceitos, sistemas e efeitos. 2. ed. São Paulo: Revista dos Tribunais, 2001.

PEREIRA, Caio Mário da Silva. **Instituições de direito civil**: dos contratos. V. 3. Rio de Janeiro: Forense, 2004.

PEZZELLA, Maria Cristina Cereser. **A eficácia jurídica na defesa do consumidor**: o poder do jogo na publicidade – um estudo de caso. Porto Alegre, Livraria do Advogado, 2004.

PONTES DE MIRANDA, Francisco C. **Comentários ao Código de Processo Civil**. t. XXII, §2679, 1996.

PRATA, Ana. **A tutela constitucional da autonomia privada**. Coimbra: Almedina, 2014.

RADBRUCH, Gustav. **Filosofia do Direito**. São Paulo: Martins Fontes, 2004.

REALE, Miguel. **Crise do capitalismo e crise do Estado**. São Paulo: SENAC, 2000.

REALE, Miguel. **Lições preliminares de direito**. 22 ed. São Paulo: Saraiva, 1995.

REALE, Miguel. **O projeto do novo código civil**. 2 ed. São Paulo: Saraiva, 1999.

NOVAIS, Jorge Reis. **Direitos fundamentais nas relações entre particulares**: do dever de proteção à proibição do défice. Almedina: Coimbra, 2018.

RIZZARDO, Arnaldo. **Contratos**, 4. ed. Rio de Janeiro: Forense, 2005.

RODRIGUES, Silvio. **Direito civil**: dos contratos e das declarações unilaterais da vontade (v. 3). 4 ed. São Paulo: Saraiva, 1972.

ROEMER, Andrés. **Introducción al análisis económico del derecho.** Trad. José Luis Pérez Hernández. México: Fondo de cultura económica, 1994.

ROPPO, Enzo. **O contrato**. Trad. Ana Coimbra e M. Januário C. Gomes. Coimbra: Almedina, 1988.

Rouanet, S. P. **As razões do iluminismo**, São Paulo: Companhia das Letras, 1987.

ROUSSEAU, Jean-Jacques. **O contrato social**. Trad. Paulo Neves, Porto Alegre: L&PM, 2009.

SAGUÉS, Nestor P. **Elementos de derecho constitucional**. T. I. Buenos Aires: Artraz, 1997.

SALEILLES, Raymind. **De la declaration de volonté**. Paris: F. Pichon, 1929.

SANCHIS, Luis Prieto. **Estudios sobre derechos fundamentales**. Madrid, Editorial Debate, 1990.

SANTIAGO, Mariana Ribeiro. **Princípio da função social do contrato**. 2. ed. Estado: Juruá Editora, 2008.

SANTOS, Boaventura de Sousa. **Para uma revolução democrática da justiça**. 2 ed. São Paulo: Cortez, 2008.

SANTOS, Boaventura de Sousa. **Pela mão de Alice**. O social e o político na pós-modernidade. 7. ed. São Paulo: Cortez, 2000.

SANTOS, João Paulo Marques dos. Justiça Constitucional e a sua função contramajoritária: da limitação à sua legitimação. **Revista de Direito Constitucional e Internacional**, São Paulo, v. 116, p. 107-132, nov.-dez. 2019.

SANTOS, João Paulo Marques dos. Trinta anos da Constituição Federal de 1988 e a necessidade de uma nova constituinte? *In*.: SOUZA JÚNIOR, Arthur B.; ASENSI, Felipe D. et al. (Orgs.). **Visões constitucionais interdisciplinares**. Rio de Janeiro: Ágora21, 2019. p. 755-766.

SANTOS, João Paulo Marques dos; BRASIL, Júlio César Mendes. A limitação do poder de polícia pela função social: uma análise a partir do Recurso Especial n. 1.217.234-PB. **Revista de Direito Administrativo e Infraestrutura**, n. 11, a. 3, p. 63-87. São Paulo: Revista dos Tribunais, out.-dez. 2019.

SANTOS, João Paulo Marques; BRASIL, Júlio César Mendes. Fazenda Pública e a revelia: Uma relação de incompatibilidade mitigada. **Revista de Processo**, vol. 276, p. 353-369. São Paulo: Revista dos Tribunais, fevereiro, 2018.

SARLET, Ingo Wolfgang. **Dignidade da Pessoa Humana e Direitos Fundamentais na Constituição Federal de 1988**. Porto Alegre: Livraria do advogado, 2001.

SARMENTO, Daniel. **Direitos fundamentais e relações privadas**. 2. ed. Rio de janeiro: Lumen Juris, 2010.

SAVATIE, Rene. **Les metamorphoses economiques et sociales du droit civil d'aujourd'hui**. Paris: Dalloz, 1964.

SCHREIBER, Anderson. **Código Civil comentado**: doutrina e jurisprudência. Rio de Janeiro: Forense, 2019.

SCHREIBER, Anderson. **Manual de direito civil contemporâneo**. 3. ed. São Paulo: Saraiva, 2020.

SCOTT, Robert E. The Death of Contract Law. **University of Toronto Law Journal**, v. 54, n. 4, p. 369-390. 2004.

SERPA LOPES, **Miguel Maria de. Curso de direito civil** (v. 3). 4. ed. Rio de Janeiro: Freitas Bastos, 1991.

SILVA, Clóvis Veríssimo do Couto e. **A Obrigação como Processo**. Rio de Janeiro: José Bushatsky, 1976.

SILVA, Clóvis Veríssimo do Couto e. O princípio da boa-fé no direito brasileiro e português, In: **Estudos de Direito Civil brasileiro e português**. São Paulo: RT, 1980.

SILVA, De Plácido e. **Vocabulário Jurídico**. 3. ed. Rio de Janeiro, Forense, 1991.

SILVA, Virgílio Afonso da. **A Constitucionalização do direito**: os direitos fundamentais nas relações entre particulares. São Paulo: Malheiros, 2014.

STIGLITZ, Gabriel S. **Derecho del consumidor**. Rosário: editorial Juris, 2000.

STRECK, Lênio Luiz. **Hermenêutica jurídica e(em) crise**: uma exploração hermenêutica da construção do direito. 5. Ed. Porto Alegre: Livraria do Advogado, 2004.

STRECK, Lênio Luiz. **Jurisdição constitucional e hermenêutica**: uma nova crítica do direito. 2. ed. Rio de Janeiro: Forense, 2004.

STRECK, Lênio. **Verdade e Consenso.** 6 ed. São Paulo: Saraiva, 2017.

TARTUCE, Flávio. **A "lei da liberdade econômica" (lei 13.874/19) e os seus principais impactos para o Direito Civil.** Segunda parte. Disponível em https://www.migalhas.com.br/dePeso/16,MI313017,21048-A+lei+da+liberdade+economica+lei+1387419+e+os+seus+principais

TARTUCE, Flávio. **Direito Civil**: teoria geral dos contratos e contratos em espécie. 14. ed. Rio de Janeiro: Forense, 2019.

TEPEDINO, Gustavo (coord.), MELO VENCELAU, Rose. **A parte geral do novo código civil.** Rio de Janeiro: Renovar, 2003.

TEPEDINO, Gustavo. **Temas de direito civil.** 3. ed. Rio de Janeiro: Renovar, 2004.

THAMAY, Rennan Faria Krüger. **A relativização da coisa julgada pelo Supremo Tribunal Federal**: o caso das ações declaratórias de (in)constitucionalidade e arguição de descumprimento de preceito fundamental. Porto Alegre: Livraria do Advogado, p. 56

THAMAY, Rennan; ALVIM, Eduardo. **Processo Constitucional.** São Paulo: Revistas dos Tribunais, 2015.

THAMAY, Rennan; GARCIA JÚNIOR, Vanderlei; TAMER, Mauricio Antônio. **A Lei da Liberdade Econômica: uma análise material e processual da Lei nº 13.874/2019.** São Paulo: Revista dos Tribunais, 2020.

THEODORO, Humberto Júnior. **O contrato e sua função social.** 4. ed. Rio de Janeiro. Editoria Forense, 2014.

THEODORO NETO, Humberto. **Efeitos externos do contrato**: direitos e obrigações na relação entre contratantes e terceiros. Rio de Janeiro: Forense, 2007.

TINANT, Eduardo Luis. **Bioética jurídica, dignidad de la persona y derechos humanos.** Buenos Aires: Dunken, 2007.

TINANT, Eduardo Luis. **Genética y justicia** (compilador-director). In: BYK, Christian; MAINETTI, José A.; MEDINA, Graciela; BIANCHI, Néstor O.; MARTÍNEZ MARIGNAC, Verónica L.; Bergel, Salvador D.; y LOJO, María Mercedes. SCJBA, La Plata, 2001.

TOCQUEVILLE, Alexis de. **La démocratie em Amérique.** T. II. Paris: Garnier: Flammarion, 1951.

URBANO, Maria Benedita. **Curso de justiça constitucional**: evolução histórica e modelos do controlo da constitucionalidade. 2 ed. Coimbra: Almedina, 2016.

VALVERDE, Calixto Valverde y. **Tratado de derecho civil Español** (t. III). 3. ed. Talleres Tipográficos "Cuesta", 1926.

VATTIMO, Gianni. **O Fim da Modernidade: niilismo e hermenêutica na cultura pós-moderna**. Lisboa: Editorial Presença, 1987.

VENOSA, Sílvio de Salvo. **Direito civil**: contratos. 17 ed. São Paulo: Atlas, 2017.

VENOSA, Sílvio de Salvo. **Direito civil**: teoria geral das obrigações e teoria geral dos contratos. 6 ed. São Paulo: Atlas, 2006.

VON JHERING, Rudolf. **L'evolution du droit**. 2 ed. Trad. O. de Meulenaere da. Paris: Librairie A. Marescq, 1901.

VON JHERING, Rudolf. **A finalidade do direito**. T. I. Campinas: Bookseller, 2002.

WALD, Arnoldo. O contrato: passado, presente e futuro. *In*: **Revista da Associação dos Magistrados Brasileiros**, Cidadania e Justiça, O Direito no Século XXI, ano 4, n. 8, 1ºsem. 2000.

WAMBIER, Luiz Rodrigues. TALAMINI, Eduardo. **Curso avançado de processo civil**. 14 ed. São Paulo: Revista dos Tribunais, 2014.

WEBER, Max. **La ética protestante y el espíritu del capitalismo**. Buenos Aires: Ediciones Libertador, 2007.

WIEACKER, Franz. **El principio general de la buena fe**. Madrid: Civitas, 1977.

ZYLBERSZTAJN, Décio; SZTAJN, Rachel. **Direito & Economia**. Editora Campus, Rio de Janeiro, 2005.